STIFTUNG
SÄCHSISCHER
ARCHITEKTEN

Mit freundlicher Unterstützung

ARCHITEKTEN
KAMMER
SACHSEN

gefördert durch
das Amt für Kultur
und Denkmalschutz

Dresden.

BEITRÄGE ZUR ARCHITEKTUR

Karl Wilhelm Ochs

Architekt und Künstler

Inhalt

5 HANS MÜLLER-STEINHAGEN
Grußwort

6 SUSANN BUTTOLO
Vorwort

ESSAYS

11 SUSANN BUTTOLO / ALF FURKERT
Der Künstlerarchitekt Karl Wilhelm Ochs.

31 TANJA SCHEFFLER
Eine »Zuflucht im Industriebau«. Einblicke in Ochs' Tätigkeit als Architekt beim Elektrotechnik-Konzern Brown Boveri & Cie.

53 ANDREAS BUTTER
Ochs als Grenzgänger zwischen Heidelberg und Dresden. Die Jahre von 1947 bis 1953

71 HANNELORE KÖNIG
Karl Wilhelm Ochs und der Wiederaufbau der Technischen Hochschule Dresden

87 HERMAN HECKMANN
Der Zeichner

ERINNERUNGEN

99 MANFRED ZUMPE
Architektur und Musik. Begegnungen mit KWO

109 HELGA OCHS
Vom »Schwindel-pedal« und anderem

113 HANS PETER KORTH
Streiflichter zu Karl Wilhelm Ochs

125 ALFRED GOTTFRIED
Meisterhaft einfach. Erinnerungen an den Hochschullehrer und Architekten Karl Wilhelm Ochs

BAUTEN | PROJEKTE

129 GIESELA RAAP
Bekanntschaft mit einem Unbekannten

ANHANG

161 Biografie
162 Autorenverzeichnis
166 Abkürzungsverzeichnis
167 Abbildungsnachweis
168 Impressum

HANS MÜLLER-STEINHAGEN

Grußwort

Wahrhaftig, zweckmäßig, schlicht – die Bauwerke des Architekten Karl Wilhelm Ochs (1896–1988) zeugen von einer Architekturmoderne, die gleichermaßen für Tradition und Ortsbezug steht. In Dresden bleibt er vor allem als prägender Architekturprofessor in Erinnerung, der einen wichtigen Beitrag zum Wiederaufbau des zerstörten Hochschulareals leistete.

Nach dem Ende des Zweiten Weltkrieges wurde Ochs 1947 an die im Herbst 1946 wiedereröffnete Technische Hochschule Dresden berufen. Innerhalb weniger Jahre avancierte Ochs zu einem einflussreichen Mitglied der Architekturabteilung. Bis Mitte der 1950er Jahre zeichnete er für die Instandsetzung und Aufstockung des Beyer-Baus verantwortlich und realisierte mit dem Barkhausen-Bau, dem damaligen Verwaltungs- und Rektoratsgebäude, der Erweiterung der Mensa, dem Institut für Grundbau sowie, zusammen mit Walter Henn, weiteren Neubauten am Zelleschen Weg charakteristische Bauwerke des Campus. Mit einer zeitlosen Formensprache und den ausgewogenen Proportionen in der Komposition der großen Formelemente waren sie für das Bauen der Nachkriegszeit stilprägend.

Ihm gelang es, überzeugende zweckbestimmte Bauten zu entwerfen, die formal einem durch Sachlichkeit gemäßigten Traditionalismus verpflichtet sind und entgegen den damals geltenden baupolitischen Vorschriften der DDR ohne barockisierendes Dekor auskommen. Noch heute prägen seine architektonischen Werke den Kerncampus der TU Dresden und erfahren große Wertschätzung.

Mit dieser Ausstellung und dem sie begleitenden Katalog würdigen wir einen innovativen Vordenker, der neue Maßstäbe für Architekten setzte, denen Authentizität und Gebrauchsfähigkeit ihrer Bauten mindestens ebenso wichtig sind wie der künstlerische Anspruch. Ochs' Lebenswerke verknüpfen somit Historie und Zukunft auf ganz besondere Weise.

Ich wünsche der Ausstellung gutes Gelingen und allen Besucherinnen und Besuchern viel Freude beim Entdecken von Ochs' Architekturschätzen.

SUSANN BUTTOLO

Vorwort

Wahrhaftig und schlicht sind die Bauwerke des deutschen Architekten Karl Wilhelm Ochs (1896–1988). Sie stehen für eine nichtradikale Moderne, die Tradition und Landschaftsbezogenheit miteinschließt. Ochs' Œuvre ist vielgestaltig und in der Form über die vielen Jahrzehnte seines Schaffens unterschiedlich ausgeprägt. Alle seine Bauten eint aber der Anspruch, ohne Anklang an geläufige gestalterische Moden, zeitgemäße Räume zu schaffen. Obwohl äußerst funktional, wirken sie keinesfalls nüchtern, sondern durch ihre Komposition, Materialität und Ästhetik künstlerisch ausdrucksstark.

Im Frühjahr 2017 gelangte der private Architektennachlass von Ochs in das Archiv der Stiftung Sächsischer Architekten. Er enthält Lebensdokumente, Projekt- und Fotodokumentationen, Freihand- und Reiseskizzen, Manuskripte von Vorlesungen und Vorträgen, Korrespondenzen und Aufzeichnungen. Nach der Nachlassübergabe ist es uns ein besonderes Anliegen, sein nahezu in Vergessenheit geratenes Lebenswerk wieder in Erinnerung zu bringen. Hierfür konnte der Nachlass einer ersten wissenschaftlichen Bearbeitung unterzogen werden. Die nun vorliegende Würdigung von Ochs' Lebenswerk versteht sich aber nicht als abgeschlossene Forschungsarbeit, sondern will intensiv weitere Untersuchungen einwerben. Denn die Recherche gestaltete sich überaus schwierig. So existieren beispielsweise falsche Werklisten, wie die in Thomas Zellers, vom Denkmalamt der Stadt Frankfurt am Main herausgegebenen Buch »*Die Architekten und ihre Bautätigkeit in Frankfurt am Main in der Zeit von 1870 bis 1950*«. Auch der kriegsbedingte Verlust zahlreicher Industriebauten von Brown, Boveri und Cie. (BBC) sowie die von der Firma selbst vorgenommene Vernichtung des Werkarchivs Mannheim-Käfertal erschweren die Nachforschungen zu Ochs' Tätigkeit als BBC-Werksarchitekt. Diese offenen Fragen können – wenn überhaupt – nur durch ein großangelegtes Forschungsprojekt beantwortet werden, das die Stiftung Sächsischer Architekten selbst nicht leisten kann. Dennoch sind wir erfreut, dem umfangreichen Schaffen von Ochs eine erste Kontur geben zu können.

Dieser Band, der die Ausstellung »Karl Wilhelm Ochs. Architekt und Künstler« begleitet, gehört zur stiftungseigenen Schriftenreihe »Beiträge zur Architektur« und ist in drei Teile untergliedert.

In den Essays nähern sich Alf Furkert und Susann Buttolo dem Leben und vielschichtigen Werk des Künstlerarchitekten an. Tanja Scheffler wirft erste Schlaglichter auf Ochs' Tätigkeit für BBC. Andreas Butter zeichnet das gesellschaftliche und architekturhistorische Spannungsfeld nach, in dem das Werk von Ochs in den ersten Nachkriegsjahren zu sehen ist. Hannelore König beschreibt detailliert Ochs' stilprägende Bauten für den Wiederaufbau der TH Dresden. Abschließend veröffentlichen wir posthum ein 1988 verfasstes Essay von Hermann Heckmann über Ochs' Art zu zeichnen, dessen Manuskript wir im Nachlass wiederentdeckten.

Im zweiten Teil des Bandes erinnern sich Manfred Zumpe, Peter Korth, Helga Ochs und Alfred Gottfried an den Architekten, Hochschullehrer und Menschen »KWO«, wie er genannt wurde.

Den dritten Teil bildet eine typologisch geordnete Werkübersicht mit den von Karl Wilhelm Ochs verantworteten Bauten und nicht realisierten Projekten, auch wenn für die Jahre zwischen 1924 und 1944 nicht immer eindeutig belegbar ist, welchen Anteil er im Detail daran hatte.

An dieser Stelle sei allen herzlich gedankt, die zum Werden dieses Bandes beigetragen haben, allen voran den Autoren Andreas Butter, Alf Furkert, Alfred Gottfried, Hannelore König, Hans Peter Korth, Helga Ochs, Gisela Raap, Tanja Scheffler und Manfred Zumpe. Ein besonderer Dank gebührt Gisela Raap für die vielfältige Unterstützung des Ausstellungs- und Buchprojekts. Mit Begeisterung und Ausdauer war sie maßgeblich an der Erschließung des Nachlasses beteiligt, erstellte im Anschluss das Werkverzeichnis und übernahm wesentliche Anteile bei der Kuration der Ausstellung und der Redaktion des vorliegenden Bandes. Gedankt sei dem Institut für Stadtgeschichte Frankfurt am Main und Tanja Scheffler für das Auffinden manch verloren geglaubter Archivalien. Die Recherche unterstützten dankenswerterweise auch die Mitarbeiter des Bundesarchivs Berlin, des Landesarchivs Baden-Württemberg/Generallandesarchiv Karlsruhe, des Universitätsarchivs der TU Dresden, des Stadtarchivs Mannheim/Institut für Stadtgeschichte, des Universitätsarchivs der TU Berlin und des Universitätsarchivs der TU Stuttgart. Ein Dank geht auch an den Historiker Matthias Alexander, der wichtige Impulse zu Ochs' Wirken in Frankfurt am Main gab. Ich danke den Mitarbeiterinnen des Architekturmuseums Berlin für das Bereitstellen von Bildmaterial aus dem sich dort befindenden Teilnachlass von Karl Wilhelm Ochs.
Gedankt sei der Familie und den Weggefährten von Karl Wilhelm Ochs für die intensiven Gespräche und Erinnerungen, die für das Entstehen des Buches sehr wichtig waren. Ein ganz besonderer Dank gilt Frau Helga Ochs, der Architektenkammer Sachsen und der Landeshauptstadt Dresden/Amt für Kultur und Denkmalpflege, ohne deren Förderung dieser Band nicht möglich gewesen wäre. Und nicht zuletzt sei Heide George für das Lektorat und Annett Stoy und Norbert du Vinage für die Buchgestaltung gedankt.

ESSAYS

SUSANN BUTTOLO / ALF FURKERT

Der Künstlerarchitekt Karl Wilhelm Ochs

Das Entdecken des bisher weniger bekannten Lebenswerks von Karl Wilhelm Ochs (1896–1988) führt durch drei Epochen deutscher, von politischen und gesellschaftlichen Systemwechseln gezeichneter Geschichte, in denen er als Baumeister und Hochschullehrer das Architekturgeschehen nachhaltig mitgestaltete. So vielgestaltig seine Bauten und nicht realisierten Projekte über die vielen Jahrzehnte seines Schaffens sind, so fremd war ihm jedwede modische Oberflächlichkeit. Auch neue Maßstäbe zu setzen war nicht sein Anspruch. Zeitgenossen waren gelegentlich sehr viel eloquenter und provokanter. Die im Nachlass erhaltenen Manuskripte seiner Vorträge und Vorlesungen belegen seine architektonische Grundhaltung, die von einer stetigen Auseinandersetzung mit seiner Zeit ausging und auf Schlichtheit, Werkgerechtigkeit und Landschaftsgebundenheit gerichtet war. So fand er im Bauen einen eigenen Weg zwischen Tradition und Moderne und vermittelte diesen als Architekturlehrer, wobei er seine Kompetenz nicht aus dem eigenen Werk, sondern aus einem moralisch gestützten Nachdenken über das Bauen herleitete.

Herkunft und Ausbildung

Karl Wilhelm Ochs stammte aus bürgerlichen Verhältnissen. Von seinem Elternhaus und seiner Kinder- und Jugendzeit ist jedoch nur wenig bekannt: Der Vater Richard Ochs (1860–1921) war Kaufmann, die Mutter Kathinka Christina (1863–1933), geb. Schlenker, Malerin. 1886 heirateten die Eltern in München und wohnten anschließend in Frankfurt am Main. Dort wurde Karl Wilhelm am 29. Februar 1896 als drittes Kind geboren. Zum musisch-künstlerischen geprägten Familienmilieu trug auch der Onkel väterlicherseits bei; Siegfried Ochs (1858–1929) war Komponist, Dirigent und Chorleiter. 1882 gründete er den renommierten Philharmonischen Chor Berlin. In welchen Kreisen sich die Familie in Frankfurt bewegte, ist nicht direkt überliefert. Ein im Nachlass befindlicher Briefwechsel mit dem Philosophen, evangelischen Theologen und Musiker Albert Schweitzer (1875–1965) belegt aber ein ausgeprägt intellektuelles wie musikalisches Umfeld. Nicht zuletzt war die Familie durch die Abstammung des Vaters auch Teil eines großen jüdischen Netzwerkes in Frankfurt, aus dem Karl Wilhelm Ochs als junger Architekt Aufträge erhielt. Die Familie selbst war evangelisch-lutherischer Konfession.

Freihandskizze, 1968

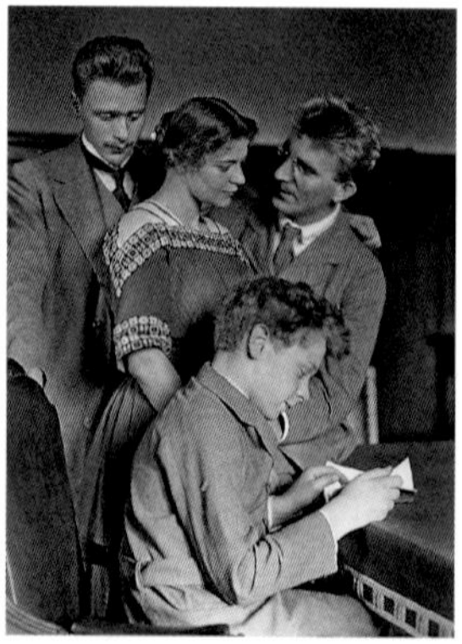

Karl Wilhelm Ochs (v.) mit seinem Bruder Rudolf (l.) und seiner Schwester Eva mit ihrem Verlobten, 1906

In seiner Heimatstadt besuchte Ochs 1903 bis 1906 die Volkschule (1903–1906) und anschließend das humanistische Gymnasium, wo er im August 1914 die Notreifeprüfung ablegte. Im Ersten Weltkrieg als nicht felddiensttauglich befunden, leistete er Dienst als Krankenpfleger beim Roten Kreuz und gehörte von Januar 1916 bis Kriegsende der Sanitätskraftfahrtruppe an. Seiner sich schon im Kindesalter abzeichnenden Begeisterung für das Bauen konnte er 1915 zumindest einige wenige Monate nachkommen und ein Baupraktikum bei der Schaffner & Albert AG in Frankfurt am Main absolvieren. Unmittelbar nach Kriegsende immatrikulierte er sich an der Kunstgewerbeschule in Frankfurt am Main und setzte das Architekturstudium von Mai 1919 bis Dezember 1922 an der Technischen Hochschule Stuttgart fort, die sich in der Zwischenkriegszeit zu einer der wichtigsten Ausbildungsstätten für Architekten entwickelte. Die für ihn prägendsten Gestalten der »Stuttgarter Schule« waren im Vorstudium Paul Schmitthenner (1884–1972) und im Hauptstudium Adolf Abel (1882–1968), der zu Ochs' Studienzeit als Assistent bei Paul Bonatz (1877–1956) für die Entwurfsbetreuung zuständig war. Zeit seines Lebens schätzte Ochs Bonatz sehr, der als Architekt eine zwischen Klassizismus, moderater Moderne, Bautradition und Landschaftsbezug oszillierende Baukunst vertrat.[1] Zu ihm entwickelte sich aber erst später ein vertrauter, wenn auch loser Kontakt.

Planen und Bauen in der Zwischenkriegszeit

Als Absolvent der »Stuttgarter Schule« historistisch geschult, zeigen die tradierten Formen seiner ersten Wohnbauten deutlich deren Einfluss. Wie stark Ochs als junger Architekt insbesondere von Schmitthenner geprägt war, wird an seinem ersten Mehrfamilienhaus in Hanau sichtbar, das er 1922/23 für den in Mannheim-Käfertal ansässigen Elektrotechnik-Konzert Brown Boveri und Cie. (BBC) errichtete. Den Auftrag hierzu hatte er noch vor seiner Diplomprüfung erhalten. Ochs hatte bei dem Achtfamilienhaus für die Verwaltungsangestellten des Konzerns allen Vorstellungen des Bauherrn entsprochen: den aus Ersparnisgründen geforderten Charakter der Kleinwohnung hatte er gewahrt und gestalterisch an die »gut mainfränkische Bauweise« angeknüpft.[2] Dieses traditionelle Mehrfamilienhaus mit Walmdach und Fensterläden markierte den Beginn seiner bis 1955 andauernden und seine Architektenkarriere entscheidend befördernde Zusammenarbeit mit BBC. Fast ohne Unterbrechung projektierte und baute er nicht nur Fabrikanlagen, Kraftwerke und Wohnhäuser für den Konzern selbst, sondern auch traditionelle Villen für seine Vorstandsmitglieder (u. a. 1926 das Haus Schnetzler in Heidelberg, Jahre später dann das Wohnhaus Lauer-Schmalz in Offenbach). Innerhalb weniger Jahre betraute BBC den Architekten mit dem Werksumbau in Mannheim-Käfertal und anschließend mit der Erweiterung des Werks in Großauheim. Das dort von ihm realisierte moderne, gestalterisch stringente Ensemble aus Kesselhaus, Bunker und Fabrikhalle ließ Ochs auch international bekannt werden.[3]

Neben zahlreichen weiteren Bauaufgaben für BBC (u. a. die Kraftwerksbauten in Faulquemont und Guadeloupe) nahm der nach Abschluss seines Architekturstudiums (1922) in Frankfurt am Main freischaffende Architekt noch andere, ganz unterschiedliche Projekte

BBC-Werk Mannheim-Käfertal, Verwaltungsgebäude, 1926

BBC-Werk Mannheim-Käfertal, Fabriksteg in Eisenkonstruktion

BBC-Werk Großauheim, 1925

Bühnenentwurf
für Glucks »Alkestis«,
I. Akt »Vor der Burg«, 1923

an. Zu den besonders bemerkenswerten zählt der Umbau des Kaufhauses D. Cohn jr. an der Frankfurter Zeil. Das typische Gebäude des späten 19. Jahrhunderts mit einer Nutzung als Geschäftshaus in den unteren Etagen, einer Büronutzung in einem Zwischengeschoss und Wohnungen in den oberen Etagen wurde durch Ochs in ein reines Geschäftshaus umgewandelt. Da es sich um einen Eisenskelettbau handelte, konnte es bis auf die tragende Struktur rückgebaut und eine neue Erschließungsstruktur eingefügt werden. Die ursprünglich mit Sandsteinornamenten geschmückte Fassade wurde in ihrer – die einst unterschiedlichen Funktionen zeigenden – Zonierung aufgegeben und über alle Stockwerke einheitlich mit großen querrechteckigen Fenstern und einer Wandverkleidung aus Kirchheimer Muschelkalk gestaltet. Im Erdgeschoss wurde von Ochs zur Vergrößerung der Schaufensterflächen eine Art offene Ladenpassage eingerichtet, indem er den eigentlichen Eingang zum Geschäft weit in das Gebäudeinnere hinein legte.[4] Unmittelbar nach seiner Fertigstellung wurde in verschiedenen Fachzeitschriften diese gelungene Lösung eines Geschäftsumbaus vorgestellt.[5] Und Paul Bonatz schrieb seinem ehemaligen Studenten anerkennend, dass in seiner Knappheit, dem Sachausdruck der großen Lichtflächen und der Schriftgestaltung »endlich einmal das Wort Sachlichkeit«[6] angebracht sei.

Eine Besonderheit im Œuvre von Ochs sind zwei Bühnenentwürfe. Nicht überliefert ist, wie der musik- und theaterbegeisterte Architekt zu diesen Aufträgen kam. Im Nachlass finden sich jedoch die Bühnenbilder, die er für die 1923 an der Stuttgarter Staatsoper auf-

Entwurf
Konzerthaus »Palmengarten«
Frankfurt am Main,
Ansicht Westseite, 1928

Entwurf
Konzertsaal »Palmengarten«
Frankfurt am Main, 1928

geführte Oper »Alkestis« von Christoph Willibald Gluck entwarf. Sechs Jahre später bot ihm das Zweite Dresdner Hoftheater die Gelegenheit, die Oper »Il barbiere di Siviglia« von Giovanni Paisiello bühnenbildnerisch auszustatten.

In diese Zeit fällt auch der Entwurf für das Frankfurter Konzerthaus »Palmengarten«. Er gehörte im Kaiserreich zu den baulichen Glanzleistungen der Stadt und war Mittelpunkt der eleganten Frankfurter Gesellschaft, verlor dann aber zunehmend an Bedeutung. Noch vor seiner Abreise nach Russland hatte Stadtbaurat Ernst May (1886–1970) das Palmengarten-Restaurant einer Neugestaltung unterzogen. Diesem umfassenden Vorbau auf der Südseite sollte 1929 ein Konzerthaus auf der Nordseite folgen. Ochs Entwurf vermied den Wilhelminismus der dort vorhandenen Bauten. Sein Konzertsaal zeigte vielmehr eine strenge, durch glatte Pfeiler betonte Haltung.[7] Obwohl das Projekt nicht zur Ausführung gelangte, galt es als ein Grund für Ochs' Berufung auf den Tessenow-Lehrstuhl der TH Berlin-Charlottenburg im Jahr 1953.

Der Gedanke, in die Entwurfslehre zu gehen, war erstmals im Juli 1931 von Theodor Fischer an Ochs herangetragen worden, da an der Karl-Ferdinands-Universität Prag ein Extraordinariat für Städtebau vakant war. Er lehnte dies jedoch aufgrund seiner fehlenden städtebaulichen Erfahrungen ab.

Die Machtübernahme der Nationalsozialisten veränderte jedoch nicht nur derartige Pläne, sondern machte es Ochs binnen weniger Monate unmöglich, weiter als freischaffender Architekt zu arbeiten. Hintergrund war die Gründung der Reichskulturkammer im September 1933, der alle freiberuflichen Kulturschaffenden angehören mussten. Die Übernahme der Mitglieder des Bundes Deutscher Architekten (BDA), dem er seit 1927 als Vorstandsmitglied der Ortgruppe Frankfurt am Main angehörte, war zunächst von selbst erfolgt. Ochs wurde aber wenige Wochen später schon wieder ausgeschlossen, weil er offiziell als »Halbjude« galt. Sein Vater kam aus einem jüdischen Elternhaus, war aber das Kind einer unehelichen Liaison der Mutter mit einem nichtjüdischen Iren. Karl Wilhelm Ochs war damit nur »jüdischer Mischling II. Grades«. Trotz mehrerer, dem Reichssippenamt vorliegender »rassenkundlicher Gutachten«, die dies bestätigten, blieb die Einstufung als »Halbjude« nachweislich bis Ende 1942 bestehen, vermutlich sogar bis zum Ende der NS-Diktatur.[8] Der Ausschluss aus dem Berufsverband wurde nicht revidiert, 1935 folgte das Berufsverbot. Dank der Unterstützung von Karl Schnetzler, Vorstandsmitglied von BBC, siedelte Ochs im Dezember 1934 nach Heidelberg über und arbeitete »in aller Stille«[9] als Werksarchitekt in Mannheim-Käfertal weiter.[10]

Hochschullehrer in Dresden

Unmittelbar nach Ende des Zweiten Weltkrieges nahm Ochs seine Selbständigkeit wieder auf, arbeitete aber weiter für BBC. Es war die seitens der kommissarischen Hochschulleitung der TH Dresden gestellte Anfrage zur Übernahme des Lehrstuhls für Werklehre vom Januar 1946, die ihn wieder an eine mögliche Lehrtätigkeit erinnerte. Zunächst hatte die

Sowjetische Militäradministration (SMAD) in der von ihr verwalteten Besatzungszone keine Wiederaufnahme des Lehrbetriebs an der TH Dresden beabsichtigt. Durch die Wiedereröffnung der TH München geriet die SMAD aber unter Druck, die Hochschulen in der Sowjetischen Besatzungszone (SBZ) wiederzueröffnen. Der Beginn des Studienbetriebes an der TH Dresden wurde für den 1. Oktober 1946 angesetzt. Die Raumsituation war aber äußerst problematisch; ein Großteil der Institutsgebäude auf dem Campus der TH Dresden war zerstört beziehungsweise erheblich beschädigt worden. Für die Vorlesungen und Seminare standen nur notdürftig hergerichtete Räume zur Verfügung, der Lehrbetrieb selbst fand bei Kälte und Frost in unbeheizten Räumen statt. Ähnlich prekär war der Mangel an Lehrmitteln, vor allem aber an Lehrkräften. Nicht wenige waren im Krieg umgekommen, andere mussten aufgrund ihrer NS-Vergangenheit die Hochschule verlassen. Für die Dresdner Architektenausbildung galt Ochs aufgrund seiner sicheren künstlerischen, aus der Zweckmäßigkeit der Bauwerke heraus entwickelten Gestaltungsgabe und seiner ausgezeichneten handwerklichen Durchbildungs- und Materialkenntnisse bei Wohn- und Industriebauten sowie seinen bei der Zusammenarbeit mit Ingenieuren gewonnenen Erfahrungen als prädestiniert.[11] Zudem war er – anders als zahlreiche Berufskollegen – politisch unbelastet.

Ochs, der kurz darauf auch einen Ruf der TH Darmstadt erhalten hatte, knüpfte sein Kommen an die Bedingungen, seinen Hauptwohnsitz in Heidelberg belassen zu dürfen und dass ihm jederzeit Reisefreiheit zugesichert werde. Er begründete dies vorrangig familiär, wollte aber auch weiter als Architekt im Westen tätig sein können.

Ab Februar 1947 übernahm er die Ordentliche Professur für Werklehre, d. h. die Vermittlung der zu einer handwerklich einwandfreien Durchführung erforderlichen Kenntnisse. Die Qualität seiner Wissensvermittlung belegen die hinterlassenen Vorlesungsmanuskripte. Die darin vorbereiteten Skizzen zeichnete er in der Vorlesung an die Tafel, was für die Studenten gerade in den ersten Nachkriegsjahren unersetzlich war. Einschlägige Fachbücher standen kaum zur Verfügung, waren noch nicht verfasst – der »Wiel« beispielsweise erschien erst 1954 – oder nur preisintensiv »im Westen« erhältlich. Ochs bezog sich vor allem auf den »Schmidt«, die meisten Konstruktionsdetails stammten jedoch aus seiner eigenen Praxiserfahrung. Methodischer Ausgangspunkt seiner Lehre war jedoch nicht die Konstruktion, sondern die Gestaltung. So gingen der Vorlesung über Fenster Vorbetrachtungen über deren Verteilung in der Fassade und über die unterschiedliche Wirkung nach von außen bündigem oder vertieftem Fensteranschlag voraus, der Vorlesung über Dachkonstruktionen Hinweise auf die städtebaulich und für die Nutzung sinnvollste Dachform. Die verschiedenen, sich aus dem Gestaltungsziel ergebenden Lösungen darzustellen und hinsichtlich ihrer Erscheinung zu werten, war ihm genauso wichtig wie die Konstruktion selbst. Seine Lehre zielte damit nicht auf die absolute Beherrschung des konstruktiven Details, der millimetergenauen Verbindlichkeit der Maße oder dem Aufzählen von DIN-Vorschriften. Dies war für eine klassische Werklehre ungewöhnlich. Für das grundsätzliche

EINFLUSS DER FENSTER AUF DEN HAUSCHARAKTER
BEI JEDESMAL GLEICHER FASSADENGRÖSSE.

Auszug Vorlesungsmanuskript
Werklehre,
Wintersemester 1946/47

Verständnis des Zusammenhangs zwischen Konstruktion und Gestaltung war diese Herangehensweise aber nützlich, weil die »richtigen« Details durch neue Baustoffe und Konstruktionen immer schneller veralteten. Wie er selbst als Architekt unter Beweis stellte, bedeutete dies nicht die Vernachlässigung der exakten Konstruktionsarbeit. Er prüfte gewissenhaft die Details und besaß dabei die Fähigkeit zur praktischen Lösung; vereinfachte, um komplizierte oder mit hohen Wartungskosten behaftete Konstruktion zu vermeiden.[12]

Mit den gestiegenen Studentenzahlen schuf die TH Dresden im dritten Nachkriegsstudiengang 1948 für Ochs die seinem Gestaltungsvermögen natürlich mehr entsprechende Professur für Gebäudelehre und Entwerfen von Hochbauten. Gleichzeitig wurde er von der Werklehre entbunden, die der von der Hochschule für Bauwesen Weimar nach Dresden wechselnde Heinrich Rettig (1900–1974) übernahm. Ochs' Ausführungen fußten auf fundierten baugeschichtlichen Kenntnissen und reichten bis hin zu Beispielen der zeitgenössischen Architektur – so auch der modernen filigranen Formenwelt, wie sie nach 1945 in Skandinavien zelebriert wurde –, die er durch Zeichnungen und Dias entsprechend bebilderte. Ochs las nicht allein Gebäudelehre im Allgemeinen, sondern weitete sie auf verschiedene – von den Studenten besonders geschätzte – Vorlesungsreihen wie über Theater- und Konzertbauten oder Sakralbauten aus. In den parallel dazu laufenden Entwürfen legte er neben zweckbestimmten Grundrisslösungen auf gute Proportionen Wert. Symmetrie, monumentale Eckbetonungen oder unklare Dachüberstände waren verpönt. Dennoch war es sein Anspruch, den jeweiligen Entwurfsansatz seiner Studenten aufzunehmen, aber auch alles unnütz Aufwendige, Modische oder mögliche Eitelkeiten kritisch zu hinterfragen.

Parallel dazu konzentrierte er sich auf seine praktische Tätigkeit; er beteiligte sich an zahlreichen Wettbewerben, plante und baute im Osten wie im Westen.[13] In Dresden bleibt Ochs vor allem als jener Architekt in Erinnerung, der in den frühen 1950er Jahren maßgeblich den Wiederaufbau des stark zerstörten Campus der TH Dresden prägte. Im Sinne der hochschulinternen Devise, die Architekturabteilung baue die Hochschule, war 1948 Richard Konwiarz (1883–1960) an ihn herangetreten, den Neu- bzw. Wiederaufbau einiger Institutsbauten zu übernehmen. Welche Kraftanstrengung das bedeutete, kann nachträglich nur vermutet werden: Den Alltag der Architekten bestimmte nicht nur ein erheblicher Mangel an Arbeitskräften, Baumaterial und mechanischen Hebewerkzeugen. Viel einschneidender war jedoch, dass sich die bereits unter der Verwaltung der SMAD abzeichnenden engen, auch das Bauen betreffende ideologischen Grenzen nach der Gründung der Deutschen Demokratischen Republik 1949 verschärften. Denn schon im Sommer 1950 wurde nach der legendären »Reise nach Moskau« einer Regierungsdelegation die gänzliche Umstellung des Bauwesens vorangetrieben und dieser Bruch mit den sowjetischen Erfahrungen legitimiert. Infolgedessen traten im Juli 1950 die »Sechzehn Grundsätze des Städtebaus« in Kraft, ein für alle Bauvorhaben verbindliches Planungsleitbild. Nach ihnen sollte in der Architektur eine neue Form historisierend entwickelt werden, um als »Nationale Bautradition« mit regional vertrauten architektonischen Elementen die Identifikation der Bevölke-

Bühnenportal
der Oper Chemnitz
1951

Thomaskirche Leipzig,
Sockel mit Bronzeplatte
über dem Sarkophag von
Johann Sebastian Bach

rung mit dem neuen Staatssystem zu erleichtern. Dies beeinflusste zwangsläufig auch den Wiederaufbau der Dresdner Hochschule. Dennoch übernahm Ochs zunächst gemeinsam mit dem Baukonstruktion, Bautenschutz und Industriebau lehrenden Walter Henn (1912–2006) die Planung verschiedener Institutsgebäude. Die Zusammenarbeit verlief jedoch nicht spannungsfrei, so dass die »Planungsgemeinschaft« im Sommer 1950 wieder aufgelöst wurde. Zwischen 1951 und 1955 realisierte Ochs mit dem Institut für Schwachstromtechnik, dem Rektoratsgebäude und der Erweiterung der Mensa sowie dem Institut für Grundbauforschung bedeutende Bauten auf dem stark kriegszerstörten Hochschulcampus. Sie sind zweckbestimmte Bauten, die formal einem durch Sachlichkeit gemäßigten Traditionalismus verpflichtet sind und entgegen den baupolitischen Vorschriften ohne das für Dresden vorgeschriebene barockisierende Dekor auskommen. Für das Bauen der ersten Nachkriegszeit waren sie stilprägend; allein die von ihm entworfene Fenstergliederung machte als »Ochs-Fenster« Schule. Nicht zuletzt motivierte Ochs die durch das staatlich verordnete historisierende Bauen zunehmend desillusionierte Architektenschaft, selbst in politisch schwierigen Zeiten eigene gestalterische Wege zu gehen.[14]

Ochs und Henn hatten aber auch beim Wettbewerb zum Wiederaufbau der Chemnitzer Oper kooperiert und waren als 2. Preisträger mit der Realisierung beauftragt worden. Anerkennung fand ihr Konzept eines detailgetreuen Wiederaufbaus in der äußeren Erscheinung und der Neugestaltung des Inneren mit einer vereinfachten Formensprache. Überregionale Beachtung erlangten sie aber auch mit ihrem ebenfalls aus dem Jahr 1949 stammenden Wettbewerbsbeitrag für die äußere Gestaltung der Rappbodetalsperre mit ihren Zubehörbauten und ihrer Eingliederung in die Landschaft, mit dem sie ebenfalls einen zweiten Preis erzielten.

Seit 1949 war Ochs auch ständiger Berater für das Landesamt für Denkmalpflege Sachsen und arbeitete eng mit dessen Leiter Hans Nadler (1910–2005) zusammen, den er nach seiner Berufung an die TH Dresden kennengelernt hatte. Nadler empfahl dem Evangelisch-Lutherischen Landeskirchenamt Sachsen, Ochs bei den Vorbereitungen des Bachgedenkjahres 1950 einzubinden. Sein Vorschlag für die Thomaskirche Leipzig sah keine grundlegenden Änderungen des Baukörpers und der Ausstattung der Kirche vor, sondern beschränkte sich darauf, die Fassade und den Innenraum von Überformungen zu befreien, die aus dem letzten Umbau 1883 und noch danach resultierten. Die Fassade und der Innenraum sollte von den Schnörkeln und Fehllösungen gereinigt werden und ein sachliche Linienführung erhalten, die in ihrer Einfachheit den Geiste Bachs mit der künstlerischen Auffassung der Gegenwart in Übereinstimmung bringen sollte. Während ein Großteil von Ochs' Vorschlag für die Kirche selbst nicht umgesetzt wurde, gelang das Umbetten der Gebeine Bachs aus der Gruft der zerstörten Johanniskirche in die Thomaskirche. Der unter dem Altarraum angeordnete Sarkophag wurde durch einen schlichten Betonsockel mit Bronzeplatte im Mittelschiff sichtbar.

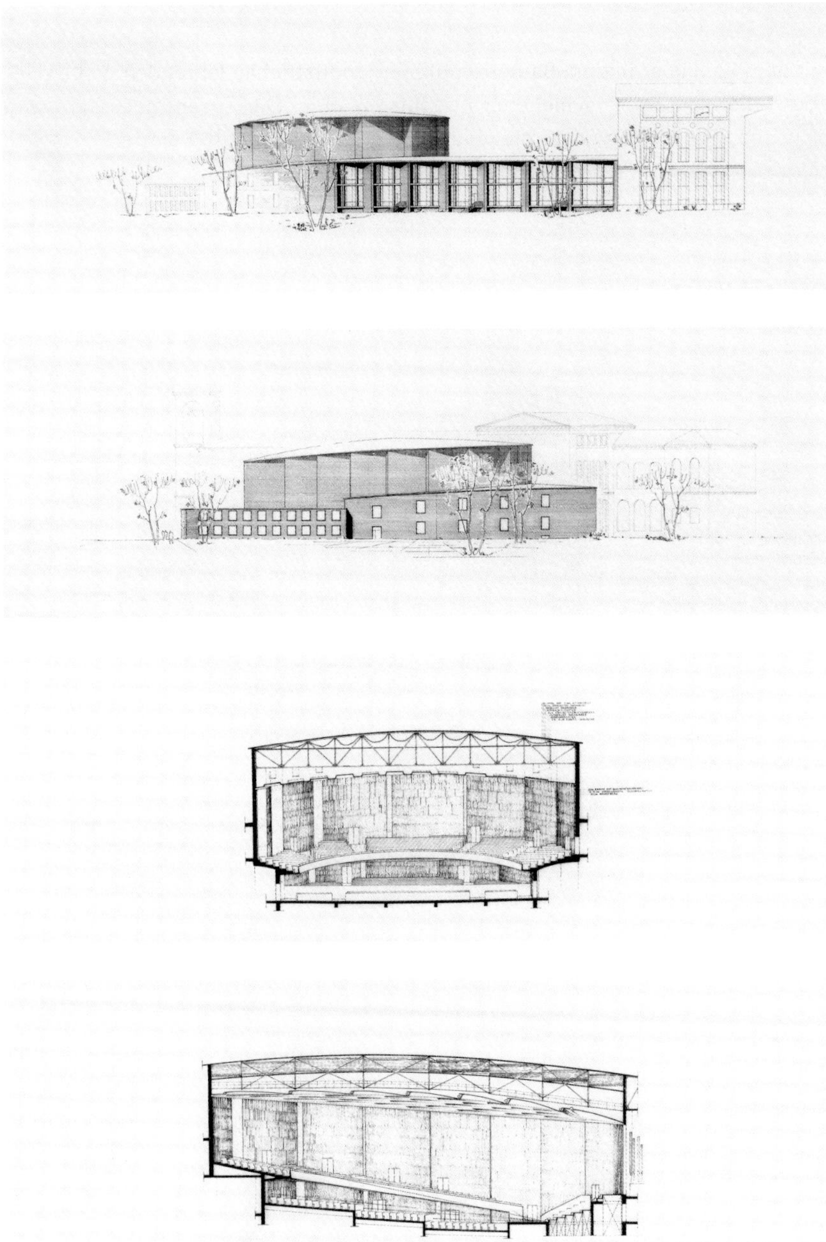

Karl Wilhelm Ochs
Wettbewerbsentwurf
Philharmonie Berlin
Ansichten, Quer- und
Längsschnitt, 1956

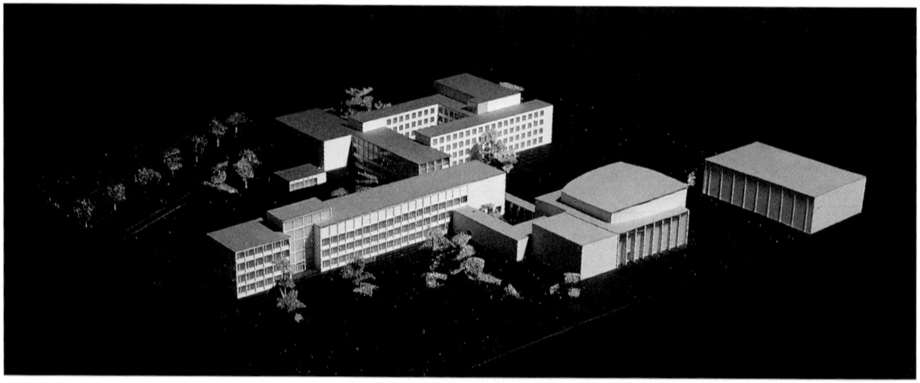

Modell der Gesamtplanung für die Elektrotechnische Institute der TU Berlin

Ansicht Elektrotechnisches Institut der TU Berlin

Wechsel nach Berlin (West)

Schon im August 1950 fragte der damalige Dekan Kurt Dübbers der Fakultät für Architektur der TH Berlin-Charlottenburg Ochs an, ob er bereit wäre, den Lehrstuhl von Erich Blunck zu übernehmen, was Ochs aber ablehnte. Zum 1. Mai 1953 übernahm er jedoch dort den seit 1951 verwaisten Tessenow-Lehrstuhl für Entwerfen bis zu seiner Emeritierung im Jahr 1963. Auch hier blieb Ochs seiner Lehrmethodik treu. Er leitete die Studenten an, zweckbestimmte, in ihrer Erscheinung moderat moderne Bauten ohne modische Allüren zu entwerfen und behutsam in ihre Umgebung einzuordnen. Seine Lehre zielte darauf, den Studenten zuerst die Grundbegriffe zu vermitteln; sie davon abzuhalten, sich an Effekten zu berauschen, bevor sie die Grundregeln der Gestaltung und deren sinnvolle Anwendung erlernt hatten.[15] Die Lehrstuhlatmosphäre war aber keinesfalls streng, sondern eher vertraut, was nicht zuletzt auf zahlreiche institutseigene Feste und Theateraufführungen zurückzuführen ist. Nicht wenige seiner Studenten wurden anschließend Mitarbeiter und zu langjährigen Weggefährten, so auch Erhard Lucas, Alfred Gottfried, Hermann Heckmann oder Peter Korth.

Wie in Dresden übernahm Ochs auch für die Berliner Hochschule die Planung neuer Institutsgebäude. 1962 wurde der 1. Bauabschnitt der Elektrotechnischen Institute auf dem sogenannten Nordgelände eingeweiht. Für ihre Gesamtplanung zeichnete Karl Wilhelm Ochs verantwortlich, die bauliche Durchführung übernahm die Baudirektion Berlin. Die zum ersten Bauabschnitt gehörenden Gebäude des Instituts für Hochspannungstechnik und Elektrische Maschinen sind klare geometrische, orthogonal zueinander angeordnete Kuben, die er um einen Innenhof anordnete. Die innere Struktur der viergeschossigen Trakte ist strikt zweckbestimmt entworfen, das Äußere bestimmen die mit hellen Klinkerziegeln verblendeten Fassaden, in die großflächige quadratische Fenster eingelassen sind.[16] Wie alle seine Bauten haben sie nichts Sensationelles, aber sie sind Meisterwerke des Einfachen.

Johannesstift Berlin-Spandau

Parallel zu Lehre und Planungstätigkeit für die Berliner Hochschule bemühte er sich auch um andere Betätigungsfelder als Architekt. Dennoch beließ er sein Architekturbüro aus Überzeugung im Kleinen (neben seiner ebenfalls als Architektin tätigen Frau Helga hatte es immer nur wenige Mitarbeiter). Als Musik- und Theaterbegeisterter erhoffte er sich vor allem derartige Projekte. Aus den zahlreichen, überwiegend erfolgreich durchlaufenen Wettbewerben ließen sich jedoch keine Aufträge mehr generieren. So war Ochs beim Wettbewerb für den Neubau des Konzertsaals der Berliner Philharmonie Berlin zwar als 3. Preisträger hervorgegangen, zur Ausführung gelangte aber der Siegerentwurf von Hans Scharoun (1893–1972).

Ochs plante und baute weiter für Brown, Boveri und Cie.; in den letzten Jahren der bis 1966 währenden Zusammenarbeit begleitete er die Bauaktivitäten des Konzerns zunehmend als beratender Architekt.

Mit seiner Berufung zum Baudirektor des Evangelischen Konsistoriums Berlin im Jahr 1955 wurde die evangelische Kirche, der er selbst aktiv angehörte, zu Ochs' wichtigstem Bauherrn. Bis 1972 zeichnete er verantwortlich für zahlreiche kleinere und größere Kirchenumbauten, u. a. an der Kirche im Johannesstift Berlin-Spandau, der Evangelischen Kirche der Union Berlin-Tiergarten, der St.-Matthäus-Kirche Berlin-Steglitz sowie den Kirchgemeinden Berlin-Konradshöhe, St. Peter und Paul auf Nikolskoe und St. Nikolai Berlin-Wilmersdorf. Ihnen allen gemein ist Ochs' Ansatz, den jeweiligen Kirchenräumen eine schlichtere, vereinzelt auch durch die Entfernung der dekorativen Malerei hellere Gestaltung zu geben und sie durch zeitlose einfache Einbauten zu ergänzen.[17]

Katholische Dorfkirche Santa Croce di Piura
bei Chivenna/Italien

Christuskirche Herford, 1959

Heilig-Geist-Kirche Bad Oeynhausen, 1967

Evangelische Kirche Gütersloh, 1964

Christuskirche Herford

Durch Ferienreisen mit seinen Eltern und später eigene Reisen lernte Ochs nicht allein die großen Schöpfungen der italienischen Baukunst schätzen, sondern auch die Baukunst der »Namenlosen«, d.h. unbekannter alter Baumeister im ländlichen Raum, allen voran in Oberitalien. Sie inspirierten ihn, weil sie nicht nur »kühn konstruierten, sondern ebenso gestaltvoll, schön und zur ›Erbauung bauten‹. Sie beherrschten das Handwerk und ruhten von selbst so sicher in der künstlerischen Ausdrucksform, dem Stil ihrer Zeit, daß sie uns heute als Verkörperung einer wahren Baueinheit erscheinen.«[18] Diese empfindsamen Gestalter gaben ihm Anregung, »die Schlichtheit und innere Lockerung in sich selbst zu wünschen und zu prüfen.«[19] Er zweifelte jedoch daran, ob »das Handwerkliche dieser Gestaltung, also das Formspielen mit dem Zufälligen des naturhaften Materials, uns heute noch möglich sein wird, oder wie weit es unsere Aufgabe ist, die mechanische Herstellung der Bauelemente so zu beeinflussen und zu gestalten, daß ein Ausgleich für das Fehlen der spielenden Hand im Gesamterzeugnis gefunden wird.«[20]

In der katholischen Dorfkirche Santa Croce di Piura bei Chiavenna (Italien) empfand Ochs, dass mit jener unerklärbaren Sicherheit gelungen war, die Wirkung der belebten Plastik in der Gesamtkomposition zu steigern und dem Ganzen, den Baukörpern, dem Turm und dem Innenraum auf ungewöhnliche Weise Größe und Anmut zu geben.[21] Ihre sich über geometrischem Grundriss und einem freistehenden Campanile nahezu selbstverständlich erklärende Form rezipierte er 1955 bei einem Wettbewerb für den Neubau eines Evangelischen Gemeindezentrums in Herford – und gewann. Die Bauaufgabe war zwar eine andere; sie sollte dem protestantischen Kirchenbau eine der Nachkriegszeit entsprechende neue Form geben und ruhte auf den, sich auch aus sozialer Verantwortung erklärenden, Bestrebungen, weitere Lebensbereiche der Gemeinde zuzuordnen. Voraussetzung dafür war, das neue kirchliche Zentrum städtebaulich sinnvoll einzuordnen. Ochs gehörte nicht zu jenen Architekten, die eine völlig neue Form suchten. Er verstand es, das kirchliche Zentrum anmutig in die Landschaft wie bei Santa Croce di Piura einzugliedern, wobei er die Kante des Höhenrückens wirkungsvoll ausnutzte. Daraus ergeben sich zwei unterschiedliche Eindrücke: von Westen baut sich die Christuskirche fast wie eine Wehrkirche auf der Anhöhe auf – geschickt inszeniert durch eine abschirmende Sichtbetonfläche der Stützmauer im Kontrast zum Sichtmauerwerk der Kirche selbst. Zum Siedlungsgebiet dagegen finden sich Gartenbereiche, die er dem Pfarrhaus und dem Kindergarten zuteilte. Die reizvolle räumliche Spannung setzt sich bis zu den Gemeinderäumen und dem Kirchengebäude fort. Die Anordnung der Gebäude, die das kirchliche Zentrum vervollständigen, ist hier locker, aber doch mit Bedacht auf die höher gelegene Ebene gestellt, so dass sich schöne, der Kirche dienende Grünräume ergeben. Die Kirche selbst bekam eine Langform. Der Innenraum lässt in aller Einfachheit die Schönheit des verwendeten Ziegelmaterials erkennen, wobei die leicht gewölbte Tonnendecke in ihrer zartgegliederten Struktur einen wirkungsvollen Gegensatz ergibt. Ein besonderes Merkmal der einseitig durch die große

Fensterwand belichteten Kirche ist, dass der erhöhte Altarbereich zu beiden Seiten seitlich platzartig aufgeweitet wurde, um anstelle auf der Empore auch Chor und Orgel aufnehmen zu können. Die Schwerpunkte des kirchlichen Geschehens wurden so räumlich besonders deutlich gemacht.[22]

Durch zahlreiche zeitgenössische Publikationen erlangte das Herforder Gemeindezentrum schnell Bekanntheit als beachtenswerte Lösung einer sich im Wandel befindenden Kirche. Noch vor seiner Fertigstellung wurde es in der Ausstellung »Evangelischer Kirchenbau heute« im Rahmen der Internationalen Bauausstellung Berlin 1957 gezeigt und stand exemplarisch für Harmonie und Schlichtheit, zugleich für Neuerung und Wahrung der kirchlichen Tradition. Diesen Entwurfsansatz variierte Ochs bei den evangelischen Gemeindezentren in Bad Oeynhausen und Gütersloh. Sie bilden das Spätwerk des Architekten, der beharrlich für Authentizität, Wahrhaftigkeit und meisterhafte Einfachheit eintrat.

Anmerkungen

1 Siehe Vogt, Wolfgang/May, Roland: *Paul Bonatz 1877–1956*, Tübingen/Berlin, 2010. | **2** N.N.: *Werk Groß-Auheim. Die Apparatefabrik der Brown, Boveri & Cie. Aktiengesellschaft*; in: *BBC Mitteilungen/Mannheim*, 11. Jg. (1924) Heft 3/4, S. 31–37. | **3** Siehe dazu den Beitrag von Tanja Scheffler und die Werkliste von Gisela Raap in diesem Band. | **4** Siehe Kiepke, Torben: *Neue Fassaden für die historische Stadt. Fassadenumbauten der Moderne in Berlin*, e-Dissertation: TU Berlin, 2013, URI: http://dx.doi.org/10.14279/depositonce-5720, Band 2, S. 135. | **5** U.a. in W.; *Kaufhaus D. Cohn jr. in Frankfurt a. M., Dipl. Ing. K. W. Ochs Architekt BDA*, Frankfurt a. M., in: *Die Baugilde, Zeitschrift des Bundes Deutscher Architekten BDA*, 14. Jg. (1931), Heft 7, S. 552 f. und Ochs, Karl Wilhelm: *Umbau eines Geschäftshauses in Frankfurt am Main*; in: *Wasmuths Monatshefte für Baukunst & Städtebau*, 13. Jg. (1929) Heft 6, S. 240–242 | **6** Paul Bonatz in einem Brief an Karl Wilhelm Ochs, 9. Dezember 1928. **7** Siehe Hegemann, Werner: Ein Konzerthaus für Frankfurt am Main. Architekt Karl Wilhelm Ochs, Frankfurt a. M.; in: *Wasmuths Monatshefte für Baukunst & Städtebau*, 15. Jg. (1931) Heft 2, S. 71–74. | **8** Rassenkundlichen Gutachten Karl Wilhelm Ochs; BArch, R 1509/1231. | **9** Karl Wilhelm Ochs, Lebenslauf vom 26. Mai 1951, 1953; AStSA, NL Ochs, G3–7. | **10** Siehe dazu den Beitrag von Tanja Scheffler in diesem Band. | **11** Siehe Bericht der Kommission zur Besetzung des Lehrstuhls für Werklehre und Entwerfen von Hochbauten an der Architektur-Abteilung der Technischen Hochschule Dresden; UaD, II/1655. | **12** Siehe Heckmann, Hermann: KWO, unveröffentlichtes Manuskript; AStSA, NL Ochs, G3–9. | **13** Siehe den Beitrag von Andreas Butter in diesem Band. | **14** Siehe den Beitrag von Hannelore König und Manfred Zumpe im vorliegenden Band. | **15** Siehe Heckmann; Hermann: *KWO*, unveröffentlichtes Manuskript; AStSA, NL Ochs, G3–9. | **16** Siehe Mohr, Otto: *Die neuen Elektrotechnischen Institute der Technischen Universität Berlin*; in: »Elektrotechnische Zeitschrift«, Ausgabe A, Band 84, Heft 7, S. 2–6. | **17** Siehe Kühne, Günther/Stephani, Elisabeth: *Evangelische Kirchen in Berlin*, Berlin 1978. | **18** Karl Wilhelm Ochs in seinem Vortrag zum »Dies academicus« an der TH Dresden am 24. Oktober 1947; AStSA, NL Ochs G3–8. | **19** Karl Wilhelm Ochs in einem Brief an Adolf Abel vom 26. Juli 1948; AStSA, NL Ochs NL Ochs, G3–8. | **20** Ebenda. | **21** Siehe Ochs, Karl Wilhelm: *Katholische Dorfkirche Santa Croce Di Piura bei Chiavenna/Italien*; in: Kunst und Kirche, Vierteljahreszeitschrift für Kirchenbau und Kirchliche Kunst, 24. Jahrgang (1961) Heft 2, S. 70–71. | **22** Siehe Poelzig, Peter: *Christus-Kirche in Herford/Westfalen. Architekt Professor Dipl.-Ing. Karl Wilhelm Ochs, Berlin;* in: Kunst und Kirche, Vierteljahreszeitschrift für Kirchenbau und Kirchliche Kunst, 23. Jahrgang (1960) Heft 2, S. 76–80.

TANJA SCHEFFLER

Eine »Zuflucht im Industriebau«.

Einblicke in Ochs' Tätigkeit als Architekt beim Elektrotechnik-Konzern Brown Boveri & Cie.

Einige von Karl Wilhelm Ochs' frühen Industriebauten – wie die aus Kesselhaus, Kohlebunker und Fabrikhalle bestehenden Anlagen in Hanau-Großauheim – wurden bereits kurz nach Ihrer Errichtung zur Legende. Denn die Bilder ihrer markanten Schauseiten und baulichen Details wurden durch spektakuläre Fotoaufnahmen in den zeitgenössischen Publikationen weit verbreitet.[1] Außerdem hoben führende Architekten-Kollegen aus dem Bereich des Industriebaus, wie Fritz Schupp, bereits in den frühen 1930er Jahren die gelungene Gestaltung von einzelnen Projekten hervor.[2] Nach dem Krieg betonte Rudolf Lodders in seinem Artikel »Zuflucht im Industriebau« Ochs' erfolgreiche Tätigkeit als »Werksarchitekt eines Konzerns« während der NS-Zeit.[3]

Trotzdem ist über seine jahrzehntelange Tätigkeit für den Elektrotechnik- und Maschinenbau-Konzern Brown Boveri & Cie. (BBC) sowie viele seiner dabei geplanten und später teilweise auch realisierten Baumaßnahmen bislang nur wenig bekannt. Dieser Beitrag unternimmt daher einen ersten Versuch, einige Schlaglichter auf dieses vielschichtige Themenfeld zu werfen und Ochs' bekannteste Projekte vorzustellen. Als Grundlage dafür dienen neben dem im Archiv der Stiftung Sächsischer Architekten in Dresden sowie dem Architekturmuseum der TU Berlin vorhandenen Plan- und Bildmaterial vor allem die überlieferten Werkspublikationen der BBC sowie weitere gedruckte Sekundärquellen. Dabei bleiben aufgrund des begrenzten Forschungsbudgets auch weiterhin zahlreiche »weiße Flecken«, die zur tiefergehenden Untersuchung einladen. Denn viele der baulichen Anlagen, an denen Ochs in der Planungsphase beteiligt war, sind mittlerweile »Lost Places« der Industriegeschichte.

Der Einstieg in den Industriebau

Karl Wilhelm Ochs begann bereits unmittelbar nach dem Abschluss seines Architekturstudiums an der TH Stuttgart (1922) in Frankfurt am Main als selbständiger Architekt zu arbeiten. Dabei übernahm er anfangs noch eine Vielzahl ganz unterschiedlicher Bauaufgaben. Von diesen sind vor allem die dezidiert moderne Umgestaltung des Geschäfts-

BBC-Werk in Großauheim, Kesselhaus mit Fabrikhalle und Gleisanlagen, 1929

hauses D. Cohn jr. an der Zeil sowie einige seiner traditionellen Villen, Atelier- und Landhäuser in die baugeschichtliche Literatur eingegangen.[4] Parallel dazu war er in unterschiedlichen Konstellationen (erst freischaffend, später als angestellter Werksarchitekt oder aber Leiter der firmeninternen Hochbauabteilung) für die deutsche Tochterfirma des Schweizer Elektrotechnik-Konzerns Brown Boveri & Cie. tätig. Neben kleineren Aufträgen zum Um- und Ausbau von mehreren Wohngebäuden für die Firmenmitarbeiter in Hanau und Großauheim durfte er mit einem für die projektierenden Ingenieure und Verwaltungsangestellten des Konzern vorgesehenen »Beamten-Wohnhaus« (1922) auch sofort einen ersten Neubau in »mainfränkischer Bauweise« mit Walmdach und Fensterläden realisieren.[5] Dieses traditionelle Mehrfamilienhaus wurde damals in den firmeneigenen Mitteilungsblättern als geradezu mustergültiges Beispiel des für die BBC-Konstruktionen gültigen Grundsatzes »Höchste Zweckmäßigkeit verbunden mit vollkommener Form«[6] angepriesen.

Dies war der Beginn einer jahrzehntelangen Zusammenarbeit des Architekten mit der BBC über mehrere gesellschaftliche und politische Systemwechsel hinweg. Dabei entwarf und projektierte er ganz unterschiedliche auf den Firmengeländen anfallende Baumaßnahmen, plante für einige von der BBC zu liefernde technische Anlagen und elektrische Ausrüstungen die konkreten baulichen Details des Einbaus und war bei einzelnen schlüsselfertig beauftragten Anlagen auch an der architektonischen Gestaltung der dazugehörenden Gebäude beteiligt.

Das Werk Mannheim-Käfertal

Für das Schweizer BBC-Mutterunternehmen haben von Anfang an immer wieder renommierte Architekten gearbeitet. In Baden (Aargau) beauftragten die vier Partner der Firma, Walter Boveri, Jakob Conrad Baumann sowie Sidney und Charles E. L. Brown das Karlsruher Architekturbüro Curjel & Moser mit dem Bau ihrer großzügigen, außerhalb der Stadt am Hang gelegenen Villen.[7] Parallel dazu plante das Büro in der Zeit um 1900 aber auch die eindrucksvollen Hochbauten (Maschinenhaus, Kraftwerk, Arbeiter- und Angestelltenwohnungen) des Flusskraftwerks in Beznau, Döttingen (Aargau), das durch eine von der BBC gegründete Finanzierungsgesellschaft zum Bau und Betrieb von Kraftwerken realisiert worden war, sowie die Verwaltungsgebäude der neu gegründeten deutschen BBC-Tochterfirma in Mannheim-Käferthal.[8] Eine vergleichbare Karriere schwebte Karl Wilhelm Ochs bei seinem Einstand als Werksarchitekt bei der BBC sicherlich auch vor. Denn er entwarf mit den Villen für Karl Schnetzler (1926) und Friedrich Schlemmer (1936) in Heidelberg ähnlich prominent gelegene Privathäuser für Vorstandsmitglieder der Mannheimer BBC und versuchte durchgängig, sich im Kraftwerksbau zu etablieren.

Ochs war aber vor allem in Mannheim-Käfertal, dem deutschen Hauptwerk der BBC, tätig. Hier befanden sich damals neben den Produktionshallen auch die Konstruktions- und

BBC-Werk Mannheim-Käfertal, Fabriksteg in Eisenkonstruktion, um 1930

Projektierungsabteilungen, die Verwaltung und das Archiv. Das gesamte Gelände wurde jedoch von 1941 bis zum Kriegsende immer wieder bombardiert und nahezu dem Erdboden gleich gemacht. Dabei verbrannten alle alten Unterlagen,[9] so dass eine genaue Rekonstruktion von Ochs' komplettem Werk dieser Zeit nur schwer möglich ist und viele Angaben aktuell vage und unvollständig bleiben müssen.

Das ab 1900 angelegte Werk in Käfertal hatte bis zur Kriegszerstörung die Struktur einer sehr großen Maschinenbaufabrik.[10] Hier wurden besonders leistungsstarke Elektromotoren, Transformatoren, Umformer, Generatoren, Turbokompressoren und -gebläse in vielen parallel laufenden, immer wieder erweiterten Hallen hergestellt. Auf diesem Gelände war Ochs als Werksarchitekt anfangs vor allem mit Umbauten, Aufstockungen und baulichen Erweiterungen beschäftigt. Dabei waren die Baumaßnahmen an den Werkstätten und Bürogebäuden am interessantesten. Denn er versuchte hierbei immer wieder innovative Konstruktionen einzusetzen. Das bekannteste Beispiel dafür ist sicherlich seine als »Fabriksteg in Eisenkonstruktion« in die Fachzeitschriften eingegangene Laufbrücke, die – allseitig geschlossen zwischen zwei Verwaltungsgebäuden eingehängt – aufgrund der großflächigen Verglasung und raffinierten Gitterstruktur bei nächtlicher Beleuchtung einen spektakulären

BBC-Werk Mannheim-Käfertal, Zugang zum Werksgelände, um 1940

BBC-Werk Mannheim-Käfertal, Werkstatt- und Bürogebäude nach der Aufstockung, 1936

Eindruck machte.[11] Parallel dazu realisierte er aber auch mehrere moderat-moderne Aufstockungen und versuchte immer wieder, die Arbeitsabläufe auf dem Gelände durch neue Verbindungsgänge zwischen den einzelnen Abteilungen und Werkstätten zu verbessern.

Während der NS-Zeit gestaltete Ochs – zusätzlich zu seinen anderen Aufgaben – mehrere Versammlungs- und Sozialräume entsprechend der zeittypischen, vom Amt »Schönheit der Arbeit« der Deutschen Arbeitsfront (DAF) propagierten Ästhetik um. Dabei entstand auf dem Mannheimer Werksgelände aus einer größeren Kantine auch ein für die Freizeitveranstaltungen der »Werkgemeinschaft« (Vorträge, Konzertveranstaltungen etc.) geeignetes Kasino mit zweckmäßig-schlichter Ausstattung.[12] Ab 1937 entwickelte Ochs aufgrund der rasanten Expansion des Unternehmens umfangreiche Pläne zum weiteren Ausbau des Geländes. Davon wurden einzelne Bauten wie das neue monumentale, direkt vor dem »Eisensteg« liegende Torgebäude dann auch realisiert, bei den starken Luftangriffen 1943 jedoch gleich wieder zerstört.

BBC-Werk Mannheim-Käfertal,
Kasino nach dem Umbau, 1936

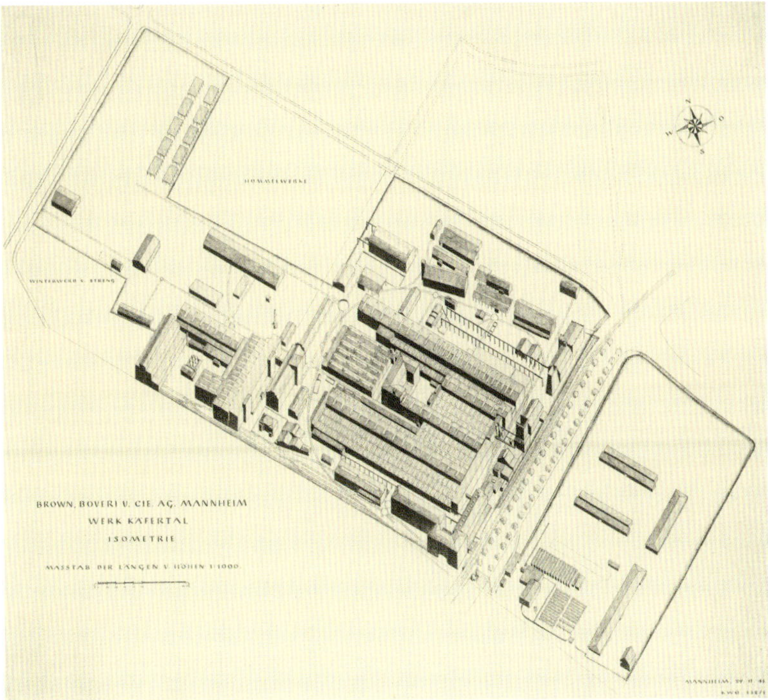

Entwurfsplan von K. W. Ochs für den weiteren Ausbau des BBC-Werks Mannheim-Käfertal, 1941

Vermutlich nachträglich erstellte Freihandskizze der Schauseite des Kesselhaus-Ensembles in Großauheim von K. W. Ochs

Das Werk Großauheim

Nachdem die BBC das Grundstück einer ehemaligen Fahrzeugfabrik in Großauheim bei Hanau zur Produktion ihrer elektrischen Geräte und Schalter für die Stromverteilungsanlagen übernommen hatte, bot sich hier die große Chance, neben den drei lang gestreckten, bereits vorhandenen Hallen noch umfangreiche Neubauten zu errichten. Daher konnte Ochs hier seine bekanntesten, immer wieder publizierten Industriebauten realisieren: ein gestalterisch stringentes Ensemble aus Kesselhaus, Bunker und Fabrikhalle (1929). Dabei überspannten vorspringende Winkelrahmen aus Eisenbeton das Zufahrtsgleis und dienten gleichzeitig als Träger für die Laufkatzen.[13] Diese Anlage wurde von Fritz Schupp bereits 1931 in einem Artikel zum »Entwerfen von Industriebauten«, den er sonst nur mit Projekten aus der eigenen Architektengemeinschaft bebilderte, als vorbildliche Anlage präsentiert.[14]

Auf dem Gelände in Großauheim konnte Ochs aber auch noch mehrere weitere architektonisch interessante Fabrik- und Verwaltungsneubauten errichten. Dabei entwarf er für die Herstellung des beim autogenen Schweißen der verschiedenen technischen Bauelemente notwendigen Acetylens ein schlichtes frei stehendes Gebäude mit Schlammgrube und Karbidlager, dessen Holz-Pultdach aufgrund der großen Explosionsgefahr dieses leicht entzündbaren Gases lediglich lose auf einem umlaufenden Betonringanker aufgelegt war und bei dem etliche mit Jalousien versehene Öffnungen unterhalb des Daches für eine permanente Durchlüftung sorgten.

Zu Ochs' weiteren Aufgaben im Bereich der »Stromverteilung« gehörten aber auch die Konzeption und der architektonische Entwurf von ganz unterschiedlichen Umspann- und

Entwurf von K. W. Ochs
für das Bahnstrom-Unterwerk
in Pforzheim, 1934

Entwurf von K. W. Ochs
für das Bahnstrom-Unterwerk
in Pforzheim, 1934

BBC-Werk Großauheim,
Acetylenentwicklungsanlage,
1929

Trafostationen zur Übergabe des per Hochspannungs-Fernleitung ankommenden Stroms an die Verbraucher. Denn es gehörte damals bei der BBC zum regulären Leistungspaket, zusätzlich zu den Stromleitungen und dem technischen Equipment auch die dazu passenden Gebäude schlüsselfertig mit anzubieten. Dies reichte von ziemlich kleinen, meist nur »Netzstation« genannten, direkt am Heidelberger Hang gelegenen Trafostationen, bei denen die Belange des Heimatschutzes beachtet werden mussten, über größere Umspannwerke zur Elektrifizierung der Eisenbahn wie dem Bahnstrom-Unterwerk in Pforzheim bis zu ausgedehnten Anlagen zur städtischen Stromversorgung.[15]

Zur optimalen Unterbringung aller notwenigen Transformatoren und Schalter entwickelte die BBC-Bauabteilung im Zuge von mehreren Aufträgen für die elektrische Ausstattung von größeren Umspannwerken einen mehrschiffigen Gebäudetyp in Hallenbauweise, dessen grundlegende Konzeption später immer wieder von hauseigenen und auch externen Architekten aufgegriffen und variiert wurde. Bei dem für die oberhessischen Braunkohlegruben schlüsselfertig errichteten Umspannwerk Wölfersheim (1925/26) plante die BBC auch das Gebäude.[16] Bei dem »in enger Zusammenarbeit zwischen Auftragnehmer und Lieferfirma entwickelten« Umspannwerk Rheinau (1927) war Karl Wilhelm Ochs am Entwurfsprozess beteiligt; dabei beschäftigte er sich neben dem grundlegenden Aufbau der

Umspannwerk Rheinau, 1927

Anlage auch mit kleineren Details wie den auf dem Dach angebrachten Stromabnehmern. Der Bau zeichnet sich im Gegensatz zu vielen anderen deutlich einfacheren Pendants durch eine präzise durchkomponierte handwerklich-traditionelle Fassadengestaltung aus.[17]

Ochs war als Werksarchitekt aber auch an diversen Baumaßnahmen auf den anderen deutschen BBC-Firmengeländen beteiligt, unter anderem in der direkt an der Bahnstrecke Frankfurt-Mannheim gelegenen Fabrikanlage in Lampertheim, in der neue Werkstätten zur Produktion von Gleichrichtern eingerichtet wurden.

Berufliche Perspektiven in der NS-Zeit

Mit der Machtübernahme der Nationalsozialisten verringerten sich Ochs' persönliche Spielräume, weiterhin als freischaffender Architekt zu arbeiten, rapide. Denn im Herbst 1933 wurde die unter der Schirmherrschaft von Joseph Goebbels stehende Reichskulturkammer gegründet, der alle deutschen Kulturschaffenden und Künstler, die weiterhin in ihrem Metier arbeiten wollten, angehören mussten. Wer keinen »Arier-Nachweis« erbringen konnte, wurde nicht aufgenommen oder aber, wenn er einem der automatisch in diese Kammer überführten Berufsverbände (wie dem BDA) angehörte, später ggf. wieder ausgeschlossen. Meist war dann nur noch eine Beschäftigung in untergeordneten Positionen oder weniger reglementierten Nischen möglich. Karl Wilhelm Ochs gehörte seit 1927 dem Vorstand der Frankfurter Ortsgruppe des BDA an.[18] Diese Stadt hatte zu diesem Zeitpunkt die (nach Berlin) zweitgrößte jüdische Gemeinde in Deutschland,[19] viele Mitglieder waren assimiliert, jede dritte neu geschlossene Ehe, an der jüdische Partner beteiligt waren, war eine Mischehe. Viele Geschäftsbeziehungen wurden über diese Netzwerke angebahnt. Dies verstärkte sich im Zuge des zunehmenden Antisemitismus in der Spätphase der Weimarer Republik immer mehr.[20] Auch Ochs erhielt vor 1933 die meisten seiner Aufträge – wie den damals viel beachteten Umbau des Kaufhauses D. Cohn jr. auf der Zeil in Frankfurt am Main – über die jüdischen Netzwerke. Über seine modernistischen Projekte wurde auch in der »Baugilde«, der Zeitschrift des BDA, positiv berichtet.[21] Denn diese berufsständige Vereinigung sah sich – ähnlich wie der Werkbund – als eine Art richtungsgebende Architektur-Avantgarde an.

Im Oktober 1933 wurde Ochs' Mitgliedschaft in der Bundesliste des BDA aufgrund eines neu eingeführten »Arier-Paragraphen« jedoch gelöscht.[22] Er stellte dann – laut seiner in der Sammlung des Document Center überlieferten Mitgliedskarte – scheinbar selbst einen Antrag auf Aufnahme in die Reichskammer der bildenden Künste, wurde dort auch als »Architekt« aufgenommen, jedoch als »Halbjude« eingestuft.[23] Aufgrund seiner protestantischen Religionszugehörigkeit konnte er als »jüdischer Mischling I. Grades« weiter als Architekt arbeiten, aber nicht an exponierter Stelle.[24] Daher zog er 1934 nach Heidelberg und arbeitete dank der Unterstützung durch den BBC-Vorstandsvorsitzenden Karl Schnetzler, für den er 1926 bereits eine Villa in Heidelberg entworfen hatte, jahrelang »in der Stille«[25] als Werksarchitekt beim Elektrotechnik-Konzern Brown Boveri & Cie. in Mannheim-Käfertal. Dort war er scheinbar sogar längere Zeit – zumindest während des Krieges – der Leiter der firmeninternen Hochbauabteilung.

Kraftwerk in Faulquemont

Wenn es um Karl Wilhelm Ochs' Tätigkeiten im Industriebau geht, sind in den einschlägigen Fachkreisen vor allem seine vielen Kraftwerk-Entwürfe und -Projekte bekannt. Denn im Zusammenhang mit Rudolf Lodders' 1947 erschienenen Artikel »Zuflucht im Industriebau«, der als Ausgangspunkt für den jahrzehntelang kolportierten Mythos des vermeintlich unbelasteten Schaffens der auch während des Krieges weiterhin modern entwerfenden Industriebau-Architekten fungierte, wurde Ochs, der in dieser Zeit »als Werkarchitekt eines Konzerns zahlreiche ausgezeichnete Industriebauten« errichtet hatte, auf einer graphisch bewusst anders gestalteten Bildseite prominent mit vorgestellt.[26] Dabei wurden unter der Überschrift »Ein Kraftwerk erbaut von Karl Wilhelm Ochs« auch zwei undatierte Fotoaufnahmen eines nicht näher bezeichneten Industriegebäudes mit großflächigen Verglasungen als Beispiel für seine unter der NS-Herrschaft realisierten Projekte mit abgebildet.

Diese Fotoaufnahmen zeigen einige dezidiert modern gestaltete Teilbereiche der baulichen Anlagen der ehemaligen Kohlenzeche in Faulquemont in Lothringen.[27] Diese östlich von Metz im Département Moselle (Mosel) gelegene Kleinstadt gehörte in der Zeit zwischen dem Ersten Weltkrieg und der deutschen Besetzung im Zweiten Weltkrieg (1918–1940) jedoch zu Frankreich. Hier wurden vom neu gegründeten französischen Unternehmen der Charbonnages de Faulquemont nach und nach zwei völlig neue Schachtanlagen sowie mehrere räumlich voneinander getrennte Werkssiedlungen für die Ingenieure, Angestellten und Arbeiter der Mine gebaut. Zu diesem Zeitpunkt war Lothringen stark vom Bergbau und Hüttenwesen geprägt. Denn am Osthang des Moseltals befanden sich zwischen den Städten Metz und Thionville sehr große Eisenerzlagerstätten (Minette), die durch eine von Thionville nach Völklingen führende Eisenbahnstrecke eng an das saarländische Industrierevier angeschlossen waren, das bereits ab 1935 wieder zum Deutschen Reich gehörte und in dem die Mannheimer Brown Boveri & Cie. seit der Übernahme der Saarbrücker Elektrizitäts-Aktiengesellschaft (1910) eine Dependance hatte.

Laut der Chronik der Konstruktionsabteilung für Schaltanlagen errichtete die BBC »für die für das Reparationskonto zu liefernde Anlage Faulquemont«[28] im Juli 1932 vor Ort ein Baubüro, dessen Leitung der jahrzehntelang für das Unternehmen im In- und Ausland als Bauleiter tätige, aus der Elektrotechnik stammende Diplomingenieur J. Wizlsperger übernahm.[29] Dabei wurde dann laut der umfangreichen im Archiv der Stiftung Sächsischer Architekten überlieferten Fotodokumentation zuerst das 1933 in Betrieb genommene, anfangs allein auf weiter Flur stehende Kraftwerk errichtet. Es bestand aus mehreren ganz unterschiedlichen Baukörpern: aus einem hohen Kesselhaus mit markant durchbrochener Backsteinfassade und den dahinter liegenden, meist großflächig verglasten Pumpen-, Maschinen- und Schalthäusern. Dabei fiel neben der einprägsamen Gestaltung der Schauseite des Kesselhauses auch der rund 130 Meter hohe Schornstein auf. Anschließend wurden auf dem Gelände nach und nach die beiden Schacht- und Förderanlagen sowie verschiedene weitere Industrie- und Verwaltungsbauten errichtet (bis 1942).

Die Gebäude und Stahlkonstruktionen der Fördertürme wurden dabei von der Gutehoffnungshütte in Sterkrade gebaut, die dazugehörende elektrische Ausrüstung (die Fördermaschinen) von der BBC Mannheim und die technische Ausstattung (Förderkörbe, Loren mit Gleisanlagen) von der auf die Errichtung von Hüttenwerken spezialisierten Deutschen Maschinenbau-Aktiengesellschaft (DEMAG) geliefert.[30] Die konkrete Rolle der Mannheimer Hochbauabteilung auf diesem Zechengelände lässt sich jedoch nur schwer einschätzen. Denn bei den in den 1950er Jahren durch die BBC als Generalunternehmer im Ausland errichteten Kraftwerken wurde der Gebäudeentwurf meist an lokale Architekten übertragen und lediglich »die Gesamtplanung, Anfertigung der Projekt- und Ausführungszeichnungen für den Bau und die maschinellen Einrichtungen« durch die »Abteilung Kraftwerke von BBC Mannheim« übernommen.[31] Ein überlieferter Plan, auf dessen Schriftfeld der damals noch freischaffend in Frankfurt am Main tätige K.W. Ochs als der vom Generalunternehmer BBC Mannheim für den Hochbau des Kraftwerks in Faulquemont beauftragte Architekt geführt wird, lässt ein ähnliches Szenario vermuten.[32]

Zusammen mit Rudolf Lodders' Artikel »Zuflucht im Industriebau« (1947) wurden auch Fotoaufnahmen des Kraftwerks in Faulquemont veröffentlicht.

S. 43
Kraftwerk Faulquemont (Lothringen) nach der Fertigstellung, 1933

Ein Kraftwerk erbaut von Karl Wilhelm Ochs

Karl Wilhelm Ochs hat sich mit seinen ersten Bauten, die um 1930 veröffentlicht wurden, manchem nach Leistungen und Begabungen suchenden Beobachter eingeprägt. Ochs ging in den folgenden Jahren den Weg, den Rudolf Lodders als Zuflucht vieler damals jüngerer Architekten beschreibt, und errichtete als Werkarchitekt eines Konzerns zahlreiche ausgezeichnete Industriebauten. Seit kurzem lehrt K. W. Ochs als Professer für Baukunst an der Technischen Hochschule Dresden. Die wichtigsten Bauten seiner jahrelang zurückgezogenen Arbeit sollen hier demnächst bekannt gemacht werden

38

In den zeitgenössischen Fachzeitschriften sowie den aktuellen Datenbanken zum industriellen Erbe Frankreichs werden jedoch alle Anlagen dieser 1974 still gelegten, bis auf drei repräsentative Verwaltungsgebäude in den 1990er Jahren abgerissenen Kohlezeche – sowohl die stilistisch einheitlichen funktionalistischen Industrie- und Verwaltungsbauten als auch die dazugehörenden Werkssiedlungen – mit dem an der Pariser Ecole des Beaux-Arts ausgebildeten Architekten Léon-Joseph Madeline (1891–1977) verbunden.[33] Daher wäre es interessant, die konkreten Hintergründe dieses Projektes einmal genauer zu untersuchen.

BBC-Werbung zur Einrichtung von Kraftwerken, November 1922

Die Kraftwerke der BBC

Denn zu den großen Verkaufsschlagern der BBC gehörten ab den frühen 1920er Jahren immer weiter entwickelte Bausätze zur Energieerzeugung aus mehreren präzise aufeinander abgestimmten Dampfturbinen und Generatoren. Diese durch die Kraftwärmekoppelung besonders effizienten »Turbogruppen« wurden vom Werk in Mannheim-Käfertal aus weltweit exportiert. Sie waren das Herzstück der Hell Gate Power Plant in New York, des damals leistungsfähigsten Kraftwerks der Welt, wurden aber auch im großen Stil in der Sowjetunion eingesetzt, unter anderem in Kraftwerken in Schatura, Charkiw sowie der abgeschlossenen Rüstungstadt Nischni Nowgorod (später: Gorki).[34] Bereits das Verladen dieser Turbo-Bausätze auf ins Ausland fahrende Sonderzüge wurde damals in Mannheim-Käfertal als Erfolgsmeldung gefeiert.[35] Inwieweit die BBC als ausrüstendes Unternehmen bei den verschiedenen, im Zuge der firmeneigenen PR mit vorgestellten Kraftwerken auch in die Gebäudeplanung involviert war, bedarf jedoch weiterer Recherchen.

Ab 1932 war die Mannheimer BBC – parallel zum Bauvorhaben in Faulquemont – an einem in Baie-Mahault auf der französischen Karibik-Insel Guadelope errichteten Kraftwerk (»Centrale Électrique«) scheinbar konkret beteiligt.[36] Für dieses Projekt ist neben verschiedenen zeitgenössischen Fotoaufnahmen auch eine Bauzeichnung überliefert, die mehrere Ansichts- und Perspektivdarstellungen der äußeren Gebäudehülle zeigt und gleichzeitig im Schriftfeld Karl Wilhelm Ochs [»KWO«] als den für die Hochbauabteilung der BBC verant-

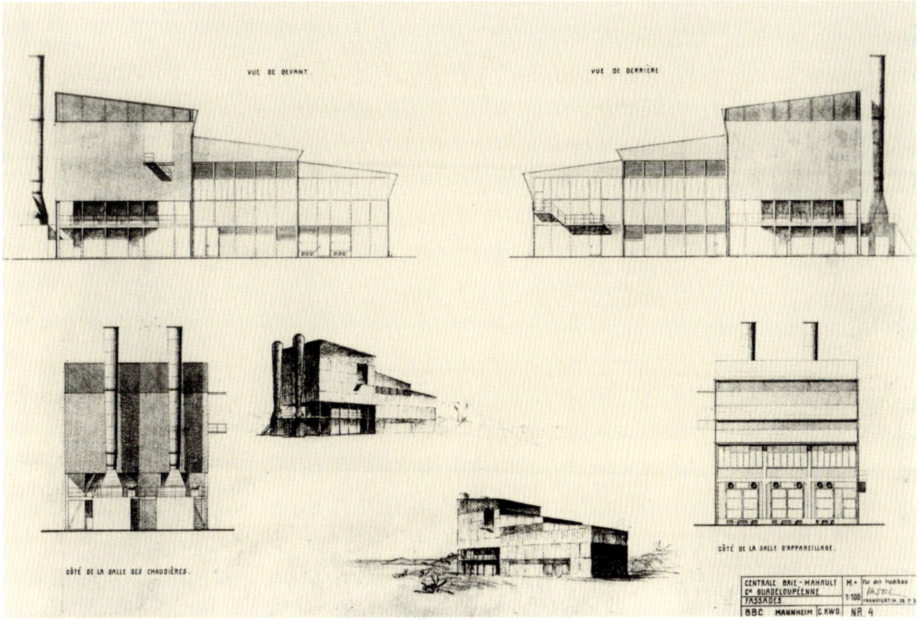

Kraftwerk auf Guadeloupe,
Zeichnung von K. W. Ochs, 1932

Kraftwerk auf Guadeloupe,
1934

Entwurfszeichnung von K.W. Ochs für das Kesselhaus eines Kraftwerks der IG Farben in Ludwigshafen-Oppau, 1934

wortlichen Architekten ausweist. Auf die grundlegende Gebäudekonzeption dieses sich nach hinten mehrfach abtreppenden, speziell auf die verschiedenen technischen Komponenten der Stromerzeugung zugeschnittenen Kraftwerks griff er später – genauso wie auf die Fassadengestaltung des Pendants in Faulquemont – immer wieder gerne zurück und variierte diese bei vielen seiner weiteren Kraftwerksentwürfe lediglich in einzelnen konstruktiven oder aber gestalterischen Details, mit unterschiedlichen Fassaden- und Tragwerkstrukturen. Dabei befinden sich hinter der im oberen Bereich geschlossenen Schaufassade immer die Kohlebunker mit ihren Schüttrutschen, in einem deutlich niedrigeren Gebäudeteil die Kesselanlagen und Heißwasser-Umwälzpumpen, dahinter dann die Turbogruppen oder aber Generatoren mit der dazugehörenden Schaltwarte.

Die starke Expansion der Mannheimer BBC während des Krieges

Die meisten einschlägigen Brown Boveri-Publikationen blenden die Mannheimer Firmengeschichte der NS-Zeit weitestgehend aus oder aber fertigen sie mit wenigen Sätzen ab: »Die Kriegsjahre 1939–1945 brachten zunächst steigende Umsätze, die es erlaubten, Reserven und Altersversorgungsfonds anzulegen. Dann aber erlitten die Werke unter dem Bombenhagel massive Zerstörungen.«[37] Auch im neuesten Jubiläumsband wird betont: »Waffen im herkömmlichen Sinn produzierte das Unternehmen während des Krieges nicht.«[38] Das

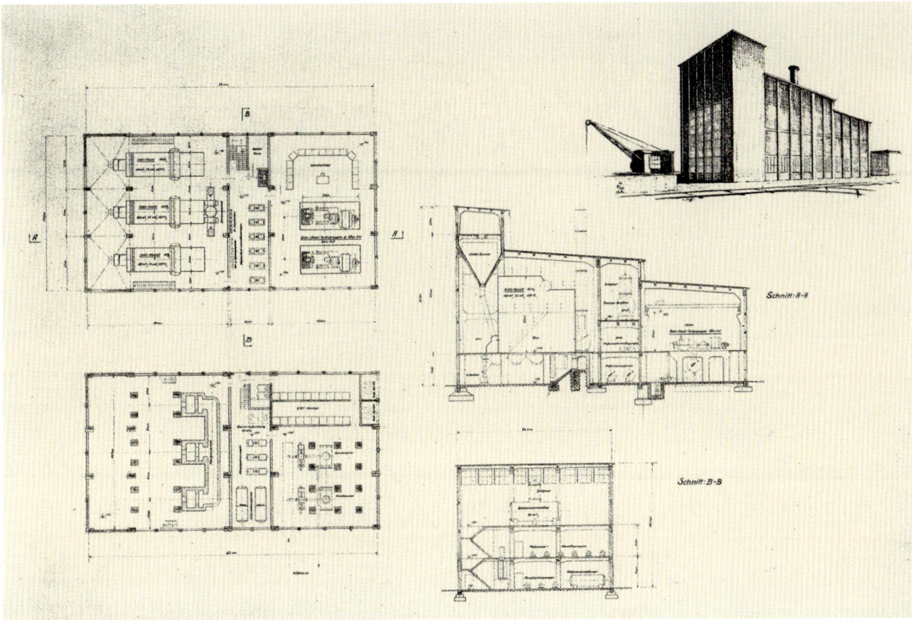

Entwurfszeichnung von K. W. Ochs für ein Kraftwerk in Sivas (Anatolien) für die türkischen Staatsbahnen, um 1937

während dieser Zeit stetig wachsende Maschinenbau- und Elektrotechnik-Unternehmen war aufgrund der großen Anzahl der Beschäftigten und angeschlossenen Betriebe damals jedoch der größte Rüstungskonzern in Baden.[39] Die Produktpalette reichte dabei von Ausrüstungen für U-Boote, Flugzeuge und Flugplätze über elektrische Öfen für die Produktion von Munition, Grubenbahnen, Fördertürme und -anlagen für den Bergbau bis zum kompletten Equipment zur Stromerzeugung für die Rüstungsindustrie.[40]

Daher wirken die unter anderen auch in der Türkei, Russland und China angedachten Standorte der diversen von Ochs damals als Projektstudie aber eventuell auch nur im eigenen Auftrag entwickelten Kraftwerksentwürfe wie ein Auszug aus dem BBC-Auftragsbuch für die dazugehörenden technischen Ausrüstungen. Denn das Unternehmen elektrifizierte europaweit Eisenbahnen, stattete städtische Kraftwerke mit der neuesten Technik aus und war auch im Bereich der Strombereitstellung für die Großindustrie erfolgreich im Geschäft. Im Zuge des straff organisierten Neuaufbaus der sowjetischen Industrie etablierte sich die BBC während des ersten Fünfjahresplans (1928–1932) über die massenhafte Lieferung von Hochofengebläsen an verschiedene metallurgische Trusts inklusive des Kombinats in Magnitogorsk, der Stahlstadt im Ural, im Bergbau- und Hüttenwesen.[41] Dies führte zu zahlreichen Folgeaufträgen. Das kann man auch an den diversen von Ochs überlieferten Kraftwerksentwürfen ablesen, die für Zechengelände gedacht waren.

Tarnkraftwerk für die Ilseder Hütte, Entwurfszeichnung von K. W. Ochs, 1936

Tarnkraftwerk für die Ilseder Hütte, realisierte Bauten, 1937

Für das Hochofenwerk der Ilseder Hütte in Groß Ilsede, die bereits seit Mitte des 19. Jahrhunderts die aus dem Raum Peine-Salzgitter stammenden Eisenerze verhüttete (und später Teile ihrer Erzvorkommen an die ganz in der Nähe neu aufgebauten Hermann-Göring-Werke abgegeben musste),[42] entwarf Ochs 1936/37 ein von der ausländischen Luftaufklärung nicht so einfach erkennbares, anschließend auch realisiertes Tarnkraftwerk. Dabei wurden die verschiedenen Komponenten der Stromerzeugung auf mehrere kleinere traditionell-schlicht gestaltete Satteldachbauten aufgeteilt, so dass sich das gesamte Ensemble harmonisch in das überlieferte Landschaftsbild einfügte.[43]

Widerstand und Wiederaufbau

Die Aufrüstungsbestrebungen der nationalsozialistischen Machthaber sorgten bei der BBC für eine regelrechte Auftragsflut, die zu einem stetigen Wachstum des Unternehmens und – neben den externen Projekten – auch zu sehr vielen firmeninternen Baumaßnahmen (wie der Erweiterung und dem Neubau von Werkshallen) führte.[44] Die von Karl Wilhelm Ochs geleitete Hochbauabteilung beschäftigte neben ihm auch noch weitere damals nicht in die offiziellen Linien passende, aufgrund ihres teilweise jüdischen Familienhintergrundes aus der Reichskammer der Bildenden Künste ausgeschlossene Kollegen wie den Heidelberger Architekten Hermann Hampe (1904–1970). Aufgrund der starken Einbindung in die Kriegswirtschaft wurde das Mannheimer Werksgelände ab 1941 jedoch immer wieder bombardiert, so dass die für die Produktion wichtigen Hallen teilweise mehrfach wieder aufgebaut werden mussten.[45]

Dabei wurden in den letzten Kriegsjahren dann auch viele neu entwickelte, schnell aufzubauende Holzbinderkonstruktionen aufgestellt, die – von den überlieferten Fotoaufnahmen mal abgesehen – aufgrund späterer Zerstörung oder aber Demontage sowie der

BBC-Werk Mannheim-Käfertal, Wieder- und Neuaufbau nach den ersten Kriegszerstörungen, Behelfsbauten mit Holzbinderkonstruktionen, 1941

rudimentären Mannheimer Quellenlage heute kaum noch nachweisbar sind.[46] Die dafür notwendigen Holzelemente wurden von der vom Bauingenieur Alfred Oswalt (1910–1992) geleiteten Firma Stadler-Bimsbau geliefert, einem auf montagefertige Hallen und Baracken spezialisierten Bauunternehmen. Der aus der Philipp Holzmann-Firmendynastie stammende Oswalt hatte vorher selber als Bauleiter im Industriebau gearbeitet und nutzte sein eigenes Unternehmen nun für verschiedene Widerstandsaktivitäten (bis hin zur Fluchthilfe über eine Baustelle in Lothringen).[47] Hampe arbeitete ab 1941 parallel zu seiner Tätigkeit bei BBC auch noch in der von Otto Bartning geleiteten Bauhütte der Heiliggeistkirche in Heidelberg an Sicherungs- und Instandsetzungsarbeiten mit. Nach dem Krieg entwickelte er zusammen mit Oswalt und Bartning das allgemein bekannte, aus ähnlich leicht aufstellbaren Holzfertigteilen bestehende System der Notkirchen. Diese konstruktiven Kontinuitäten im Holzbau von der Kriegs- in die frühe Nachkriegszeit hinein sind zwar außerordentlich interessant, wurden jedoch scheinbar – auch im Kontext der aktuellen Bartning-Forschung – bislang kaum untersucht. Genauso wenig wie Ochs' Rolle beim Entwurf dieser Notbauten oder auch der Organisation dieses permanenten Wieder- und Neuaufbaus. Dabei würde dies die altbekannten Diskussionen um die vermeintliche »Stunde Null« der deutschen Geschichte um einen völlig neuen Themenbereich erweitern.

Fazit und offene Fragen

Bei der Durchsicht der in den verschiedenen Archiven noch vorhandenen, im Zusammenhang mit Ochs' beruflichen Tätigkeiten für die BBC entstandenen Zeichnungen und Fotoaufnahmen fällt – neben der bruchstückhaften oder aber komplett fehlenden Überlieferung weiterer Projekt-Informationen – vor allem die konservative Gestaltung vieler Bauten auf. Dazu gehören neben einzelnen die Vorgaben des Heimatschutzes konsequent umsetzenden Trafostationen und Schalthäusern auch das getarnte Kraftwerk der Ilseder Hütte, diverse Wohngebäude für BBC-Firmenangehörige sowie die nach den üblichen Nachkriegsstandards errichteten Behelfswohnungen. Einige für Mitglieder der BBC-Firmenleitung entworfene Villen und Landhäuser bedienen sogar das klassische Bild der Stuttgarter Schule, der Ochs entstammte.

Parallel dazu gibt es in Ochs' Nachlass aber auch sehr viele bereits von der graphischen Darstellung her beeindruckende, nicht aus dem regulären BBC-Planungsbetrieb stammende Entwurfs- und Präsentationszeichnungen funktionalistischer Kraftwerks- und Industrieanlagen unterschiedlichster Provenienz und Entstehungszeit, bei denen die spätere Umsetzung eher fraglich und aber nicht so einfach nachzuvollziehen ist. Diese spektakuläre Papierarchitektur unterfüttert zwar Ochs' überliefertes Image als »stiller Moderner«.[48] Sie vermittelt jedoch ein völlig anderes Bild als große Teile seines realisierten Werkes. Daher wäre eine weitergehende Auswertung und wissenschaftliche Aufarbeitung seines Nachlasses sowohl in Hinblick auf die enorme Bandbreite seiner Bauaufgaben als auch deren völlig unterschiedliche architektonische Gestaltung hoch interessant.

Anmerkungen

1 Ochs, Karl Wilhelm: *Fabrikbauten*, in: *Wasmuths Monatshefte für Baukunst & Städtebau*, 14. Jg. (1930) Heft 6, S. 249–255; N. N.: *Fabrikhalle der Brown, Boveri u. Ko. A.-G.*, in: *Zentralblatt der Bauverwaltung*, 50. Jg. (1930) Heft 46, S. 808. | **2** Schupp, Fritz: *Ueber [sic!] das Entwerfen von Industriebauten*, in: *Baugilde*, 13. Jg. (1930) Heft 19, S. 1502–1509, hier S. 1509. | **3** Lodders, Rudolf: *Zuflucht im Industriebau*, in: *Baukunst und Werkform.*, 1. Jg. (1947) Heft 1, S. 37–44, hier S. 38. | **4** Ochs, Karl Wilhelm: *Umbau eines Geschäftshauses in Frankfurt am Main*, in: *Wasmuths Monatshefte für Baukunst & Städtebau*, 13. Jg. (1929) Heft 6, S. 240–242; N. N.: *Landhäuser von Karl Wilhelm Ochs*, in: *Wasmuths Monatshefte für Baukunst & Städtebau*, 14. Jg. (1930), S. 177–181. | **5** N.N.: *Werk Groß-Auheim. Die Apparatefabrik der Brown, Boveri & Cie. Aktiengesellschaft*, in: *BBC Mitteilungen/Mannheim*, 11. Jg. (1924) Heft 3/4, S. 31–37, hier S. 36. Damals war Groß-Auheim (heute: Großauheim) noch eine selbständige Gemeinde, sie wurde 1974 in die Stadt Hanau eingemeindet. | **6** So der Slogan für die BBC-Produkte, zitiert nach: N. N.: *Groß-Auheim*, 1924 (Anm. 5), S. 37. | **7** Laurent Stalder: *Der Puls der Zeit im »Garten der neuen Kunst«. Vier Villen um 1900*, in: Oechslin, Werner/Hildebrand, Sonja: *Karl Moser. Architektur für eine neue Zeit 1880 bis 1936*, Bd. 1, GTA Verlag: Zürich 2010, S. 164–177. | **8** Oechslin/Hildebrand: *Karl Moser*, 2010, Bd. 2 (Anm. 7), S. 350. | **9** Catrina, Werner: *BBC – Glanz, Krise, Fusion. 1891–1991*, Orell Füssli: Zürich/Wiesbaden 1991, S. 65. Nach der Fusion der BBC mit der schwedischen ASEA zu ABB im Jahre 1988 wurde die in Mannheim-Käfertal ansässige Sparte der Stromerzeugung verkauft. Seitdem gibt es dort kein Firmenarchiv mehr. Die Bildsammlung und die historischen Firmenpublikationen befinden sich seitdem im Technoseum/Landesmuseum für Technik und Arbeit in Mannheim. Auch das Stadtarchiv/Institut für Stadtgeschichte Mannheim hat aufgrund der großen Kriegsverluste keine Bauakten des BBC-Geländes aus der Zeit vor 1945. | **10** Themenheft zu allen deutschen BBC-Arbeitsstätten: *BBC-Mitteilungen/Mannheim*, 14. Jg. (1927) Heft 4. | **11** N. N.: *Fabriksteg in Eisenkonstruktion*, in: *Mitteilungen aus der Fachwelt, Beilage zu »Moderne Bauformen«*, 29. Jg. (1930) Heft 7, S. 146–147. | **12** K. W. O. [Karl Wilhelm Ochs]: *Eine neuartige Saalbeleuchtung*, in: *BBC Mitteilungen/Mannheim*, 23. Jg. (1936) Heft 1, S. 30–31. | **13** Ochs: *Fabrikbauten*, 1930 (Anm. 1). | **14** Schupp: *Entwerfen von Industriebauten*, 1930 (Anm. 2), S. 1509. | **15** Vgl. dazu: Themenheft »Die Elektrizität wird erzeugt…«, *BBC-Mitteilungen/Mannheim*, 6. Jg. (1919) Heft 7, S. 143–162, mit Vorher-Nachher-Fotoaufnahmen der Trafohäuschen, hier S. 151. | **16** Hartmann: *Das Umspannwerk Wölfersheim der Hessischen Bergwerks- und Kraftwerksdirektion und des Ueberlandwerkes Oberhessen*, in: *BBC-Mitteilungen/Mannheim*, 14. Jg. (1927) Heft 1/2, S. 3–7. | **17** Heller: *Umspannwerk Rheinau der badischen Landeselektrizitätsversorgungs A.-G. (Badenwerk) Karlsruhe*, in: *BBC-Mitteilungen/Mannheim*, 14. Jg. (1927) Heft 4, S. 88–91 [= Teil 1] sowie: Heller/Eisert: *Das Umspannwerk Rheinau des Badenwerks Karlsruhe. Das Bauwerk in seiner technischen und architektonischen Behandlung*, in: *BBC-Mitteilungen/Mannheim*, 15. Jg.

(1928) Heft 2, S. 52–68 [= Teil 2], Zit. nach Teil 1, S. 88. | **18** Warhaftig, Myra: *Deutsche jüdische Architekten vor und nach 1933. Das Lexikon – 500 Biographien*, Reimer: Berlin 2005, S. 377–379, hier S. 377. | **19** 1933 lebten in Frankfurt 26.158 Juden, die Stadt hatte damit den höchsten jüdischen Bevölkerungsanteil unter allen deutschen Großstädten, vgl. Heuberger, Rachel/Krohn, Helga: *Hinaus aus dem Ghetto... Juden in Frankfurt am Main 1800–1950*, Fischer: Frankfurt am Main 1988, S. 145. | **20** Ebda, S. 146. | **21** Schupp: *Entwerfen von Industriebauten* (Anm. 2), S. 1509; W.: *Kaufhaus D. Cohn jr. in Frankfurt a. M.*, in: *Baugilde*, 14. Jg. (1931) Heft 7, S. 552–553. | **22** Warhaftig: *Jüdische Architekten*, 2005 (Anm. 18), S. 378. | **23** Bundesarchiv/BArch (Slg. BDC) RKK, Mitglieds-Karteikarte Ochs, Karl Wilhelm. Ob er später eventuell wieder ausgeschlossen wurde, ist nicht nachvollziehbar. Denn die dazugehörenden Personalunterlagen der Reichskulturkammer-Landesleitungen in Hessen (Wohnsitz: Frankfurt a. M.) oder aber Baden (Heidelberg) sind nicht überliefert. | **24** Im Zuge des »Reichsbürgergesetzes« (1935) wurde »jüdischen Mischlingen«, die keiner jüdischen Gemeinde angehörten oder aber einen deutschen Ehepartner hatten, vorerst die gleichen Rechte eingeräumt. Später legte Ochs gegen die Einstufung als »Halbjude«/»Mischling I. Grades« Widerspruch ein, BArch, R 1509/1231. | **25** So Ochs' eigene Formulierung, zit. nach: Warhaftig: *Jüdische Architekten*, 2005 (Anm. 18), S. 277. | **26** Lodders: Zuflucht, 1947 (Anm. 3), S. 38. | **27** Faulquemont gehörte vorher, von 1871 bis 1918, unter dem deutschen Namen Falkenberg in Lothringen zum Deutschen Reich. | **28** Hoppner, Albert: *BBC AFKS Chronik*, Eintrag vom 25. 7. 1932. | **29** Wizlsperger kam 1923 zur BBC. Er war anfangs in der Abteilung »Centralen und Turbinen« als Bauleiter tätig, später in der Abteilung »Hochspannungsfreileitungen und Ortsnetze«. | **30** Müller, Arnold: *Förderanlage Faulquemont, Frankreich*, in: *DEMAG Nachrichten*, 13. Jg. (1939) Heft 1, S. A1–A9; sowie: Jungblut, Ferdinand: *Die Turmförderanlagen der Societé des Charbonnages de Faulquemont*, in: *BBC Mitteilungen/Mannheim*, 26. Jg. (1939) Heft 2, S. 75–84. | **31** *BBC Mitteilungen/Mannheim*, 41. Jg. (1959) Heft 10/11, hier S. 500. | **32** TU Berlin, Inventar-Nr. 35505. Die merkwürdige Datierung des Blattes (»Baujahr: 1932–1933«) wirft jedoch Fragen bezüglich seiner Herkunft und Entstehungszeit auf. | **33** *The Faulquemont Mines, France. Architect: Leon Joseph Madeline*, in: *Building – the monthly journal for architects, builders and specialists*, London, 22. Jg. (1947), S. 162–163. | **34** N. N.: *Turbinenaufträge für Russland*, in: *BBC-Mitteilungen/Mannheim*, 14. Jg. (1927) Heft 1/2, S. 24–25. | **35** *BBC-Mitteilungen/Mannheim*, 15. Jg. (1928) Heft 3/4, S. 76. | **36** Dieses Kraftwerk wurde angeblich ebenfalls im Zuge von Reparationen realisiert und 1934 fertig gestellt. | **37** Rinderknecht, Peter: *75 Jahre Brown Boveri 1891–1966*, BBC: Baden (Schweiz) 1966, S. 220. | **38** Hermann, Armin/Pfenning, Klaus: *Spannungs-Wechsel. Das Buch zum 100-jährigen Jubiläum der deutschen ABB*, ABB: Mannheim 2000, S. 77. | **39** Peter, Roland: *Rüstungspolitik in Baden. Kriegswirtschaft und Arbeitseinsatz in einer Grenzregion im Zweiten Weltkrieg*, R. Oldenbourg Verlag München 1995, S. 133–137. | **40** Ebda., S. 134. | **41** N. N.: *Hochofengebläse für die Russische Handelsvertretung*, in: *BBC-Mitteilungen/Mannheim*, 14. Jg. (1927) Heft 7/8, S. 127–129, sowie: Schattschneider, M.: *Die Hochofengebläse für die russischen Eisen- und Stahlwerke in Magnitogorsk und Kusnezk*, in: *BBC-Mitteilungen/Baden (Schweiz)*, 19. Jg. (1932) Heft 3, S. 41–48. Bereits für den ersten sowjetischen Fünfjahresplan waren 170 BBC-Turbohochofengebläse geliefert worden. | **42** Apel, Rudolf/Schoenfeldt, Kurt/Vorberg, Manfred: *Die Ilseder Hütte. 100 Jahre Industriegeschichte*, Sutton: Erfurt 2004, S. 7–8. | **43** Eine weitere umfangreiche Fotoserie aus dem Nachlass zeigt die Errichtung des monumentalen Kraftwerks der damals zur IG Farben gehörenden Chemischen Werke Hüls in Marl. In diesem riesigen 1939/40 am Nordrand des Ruhrgebiets aufgebauten Chemiewerk wurde synthetischer Kautschauk (Buna) hergestellt. Ochs potentielle Mitarbeit an diesem Projekt ist bislang nicht untersucht worden, aufgrund seiner Entwurfszeichnungen jedoch denkbar. | **44** Peter: *Rüstungspolitik*, 1995 (Anm. 39), S. 134. | **45** Hermann/Pfenning: *Spannungs-Wechsel*, 2000 (Anm. 38), S. 78. | **46** Für den Hinweis auf diese bislang kaum bekannten Zusammenhänge möchte ich mich bei Dr. Thomas Hampe/Bonn sowie Dr. Gerhard Kabierske vom SAAI/Karlsruhe, der den Nachlass von Hermann Hampe betreut, bedanken. | **47** Prof. Philipp Oswalt/Kassel hat bereits intensiv zum Leben und Werk seines Vaters recherchiert. Vgl. dazu: ders.: *Bericht von einer deutsch-niederländischen Widerstandsgruppe aus Berlin*, in: Stichting Holländerei (Hrsg.): *Niederländer und Flamen in Berlin 1940–1945. KZ-Häftlinge, Inhaftierte, Kriegsgefangene und Zwangsarbeiter*, Edition Hentrich: Berlin 1996, S. 95–102. Für seine Informationen möchte ich mich ganz herzlich bedanken. | **48** Klemmer, Clemens: *Ein stiller Moderner. Zum 100. Geburtstag des Architekten Karl Wilhelm Ochs*, in: *Neue Zürcher Zeitung* vom 29. Februar 1996, S. 46. Klemmer vergleicht Ochs in Bezug auf seine »fortschrittlichen Industriebauten« mit Behrens, Eiermann, Garnier, Gropius, Poelzig und Sterling.

ANDREAS BUTTER

Ochs als Grenzgänger zwischen Heidelberg und Dresden.

Die Jahre von 1947 bis 1953

Keine geteilte Architekturgeschichte

»Zwei deutsche Architekturen« – einprägsam verweist der Titel einer Wanderausstellung aus dem Jahr 2004 auf das Konzept getrennter Wege des Bauens in der DDR und der Bundesrepublik.[1] Bereits in dieser Schau, die dreizehn Jahre um die Welt reiste, entfaltete sich das Bild eines spannungsvollen Verhältnisses, das sich nicht in Gegensätzen erschöpfte, sondern, ausgehend von gemeinsamen Wurzeln, Parallelen und gegenseitige Anregungen hervorbrachte.[2] Daraus ergaben sich für die Forschung Fragen, wie diese Stränge des Bauschaffens in eine internationale Ideenzirkulation eingebettet waren,[3] und damit ein Zugang, der dazu beitragen kann, für die Architektur in der DDR Vorurteile einer ›provinziellen Verinselung‹ oder einer rein sowjetisch geprägten Entwicklung zu überwinden. Ein besonderes Augenmerk verdienen in diesem Zusammenhang Architekten, die, wie Karl Wilhelm Ochs – aus erster Hand – beide Perspektiven jenes Konfliktfeldes kannten, das sich in der Folge des Kalten Kriegs und der Durchsetzung unterschiedlicher Wirtschaftssysteme entwickelte und die Selbstbilder von zwei rivalisierenden deutschen Staaten prägte. Doch gerade über seine Dresdner Zeit ist bislang wenig bekannt; der vorliegende Beitrag soll daher ein erstes skizzenhaftes Bild einer Schaffensperiode zeichnen, die auf beiden Seiten des »Eisernen Vorhangs« Niederschlag fand.

Ochs, der in seinem Lebenslauf anführte, dass er aufgrund seiner Einstufung als »Halbjude« seit 1935 offiziell von der Berufsausübung ausgeschlossen gewesen sei, konnte dennoch, so seine Aussage, »in aller Stille«[4] als Industriearchitekt für den Elektrotechnikhersteller BBC Brown Boveri & Cie. arbeiten.[5] Diese Tätigkeit setzte er nach Kriegsende fort. Als man ihn mit Wirkung zum 15. Februar 1947 zum ordentlichen Professor für Werklehre, Entwerfen von Hochbauten und Gebäudelehre (später Entwerfen und Gebäudelehre) an die Technische Hochschule Dresden berief, gab er seinen Wohnsitz im Westen allerdings nicht auf und arbeitete in geringerem Umfang weiter für BBC in Mannheim.[6] Bis zu seinem Abschied am 31. August 1953 hielt ihm dies die Möglichkeit offen, sich aus dem politischen Minenfeld des Ostens zurückzuziehen. Bei einer Vorladung in die Berliner Bauakademie wegen der Gestaltung der Dresdner Hochschulbauten[7] brachte er gegenüber dem Präsidenten Kurt

Opernhaus Chemnitz
Zuschauersaal und Bühne

Liebknecht (1905–1994) und seiner Entourage seinen möglichen Rückzug erfolgreich ins Spiel – in seiner »ruhigen und überlegenen Art«, wie sich sein Kollege Walter Henn (1912–2006) später erinnerte.[8] (Zum damaligen Zeitpunkt allerdings hatte sich die Planungsgemeinschaft mit Henn bereits aufgelöst und das Verhältnis zueinander war beschädigt[9] – aus Sicht von Henn, weil die häufigen Aufenthalte in Heidelberg eine gemeinsame Planungsarbeit verhinderten.[10] Ochs führte dagegen u.a. an, dass Henn durch eine Zuweisung separat zu bearbeitender Objekte sein eigenes Profil schärfen wolle.)[11]

Anfang 1946 war Ochs‹ Vorgänger, Wilhelm Hermann Jost (1887–1948), zudem Rektor der TH und prominentes Mitglied des NS-Dozentenbundes, von den sowjetischen Behörden verhaftet und in die UdSSR deportiert worden, wo er verstarb. Ochs kam, wie er, aus der Schule von Paul Schmitthenner; mit dem nun Berufenen trat ein Mann an Josts Stelle, von dem man annehmen konnte, dass er eine gewisse Kontinuität in der Lehre gewährleisten und dabei politisch unangreifbar sein würde. In jenen Dresdner Jahren zwischen 1947 und 1953, vor dem Hintergrund eines noch nicht abgeschlossenen Formierungsprozesses der DDR-Architektur, beteiligte sich Ochs an Wettbewerben in beiden Teilen Deutschlands und baute im Osten wie im Westen. Dies macht seine Arbeit in Hinblick auf die grenzüberschreitenden Verflechtungen der Nachkriegszeit interessant.

Der Ideenaustausch über Zonen- bzw. Staatsgrenze hinweg war nicht unbedingt an persönliche Zusammentreffen gebunden, wurde aber bis zum Mauerbau 1961 gepflegt, was nicht zuletzt an Verbindungen aus der Vorkriegszeit lag. Die Praxis, an Ausschreibungen im anderen Teil Deutschlands teilzunehmen, war bis 1950 noch nichts Außergewöhnliches; mit der Durchsetzung der Architekturdoktrin der »Nationalen Traditionen« in der DDR wurde dies seltener und endete nach einem letzten Höhepunkt mit dem gesamtdeutschen Wettbewerb für das im Ost-Berliner Stadtbezirk Lichtenberg gelegene Wohngebiet »Am Fennpfuhl« 1956/57[12], schließlich ganz. Enge Kontakte nach Westdeutschland unterhielt neben der TH Dresden auch der Bund Deutscher Architekten; beim Kongress der Internationalen Architektenvereinigung UIA in Den Haag 1955 reiste eine gesamtdeutsche Delegation an. Zum Thema des Neubeginns nach Flucht bzw. legaler Übersiedelung von Architekten, die im Osten ausgebildet bzw. ansässig waren, liegen seit Kurzem Erkenntnisse vor. Vor allem gilt dies für den Sieger des Stalinallee-Wettbewerbs von 1951, Egon Hartmann (1919–2009), dem es in Westdeutschland gelang, ein Netzwerk aus übergesiedelten Weimarer Kommilitonen aufzubauen und wichtige Positionen des Wiederaufbaus zu besetzen.[13] Von den Lehrern der TH Dresden verließen nach Ochs bald Henn und Wolfgang Rauda (1907–1971) das Land. Auch unter den Studenten von Ochs gab es neben Absolventen, die wie Manfred Zumpe (geb. 1930), später in der DDR prägend wirkten, solche, die wie Hans-Reiner Müller-Raemisch (geb. 1925) und Joachim Zeh (1923–2001), die in der Bundesrepublik ihren Weg gingen – Zeh mit Unterstützung seiner ehemaligen Dresdner Lehrer Ochs und Henn.[14]

Um die Rolle von Ochs zu verstehen, muss auf weitere »Westler« an Schaltstellen im Osten verwiesen werden, die markanter und konflikthafter für Konzepte der Moderne standen. In Ost-Berlin war bis Ende 1950 Hans Scharoun (1893–1972) wichtig, der als Lehrstuhlinhaber für Städtebau an der TU in Charlottenburg das für die gesamte SBZ/DDR zuständige Institut für Bauwesen leitete und erklärte Modernisten um sich sammelte, wobei deren überwiegender Wohnsitz im anderen Teil Berlins und eine unterstellte »bürgerliche« Haltung zunehmend kritisiert wurden.[15] Ähnlich verhielt es sich mit dem Bauhausabsolventen Robert Lenz (1907–1976), Leiter der VVB(L) Entwurf und Bauleitung Potsdam, die in ganz Brandenburg aktiv war. Hier durften West-Berliner wie Robert Tepez (1912 – ca. 1985), Hubert Hoffmann (1904–1999) und Klaus Müller Rehm (1907–1999) beachtliche Bauvorhaben umsetzen.[16] Ein weiteres Zentrum einer am Bauhaus orientierten Moderne-Auffassung entstand im Frühjahr 1948, ein Jahr nach Ochs' Berufung an die TH, ausgerechnet in Dresden. Mit dem Holländer Mart Stam (1899–1986), der in den 1920er Jahren Mitherausgeber der Avantgardezeitschrift ABC gewesen war und dem nun kommissarisch die Leitung der Werkkunstschule übertragen – und perspektivisch auch die der Akademie in Aussicht gestellt – wurde, erschien für zwei Jahre ein Mann auf der Bühne, der für einen kompromisslosen Neubeginn stand. Seine Pläne für einen funktionalistischen Neuaufbau Dresdens, Umbesetzungen des Lehrapparates und sein Ziel einer vereinigten »Bauschule – Staatliche Hochschule für freie und industrielle Gestaltung« unter dem Primat der Architektur stießen jedoch auf nachhaltigen Widerstand u. a. in der Dresdner Künstlerschaft, die das Akademieprinzip und damit den »künstlerischen Menschen« gegen den »Winkelarchitekten« gewahrt sehen wollte.[17] Die Architekturausbildung an der TH wirkte hier als konservatives Gegengewicht, nicht zuletzt auch zur Hochschule Weimar, die bis 1949 von Hermann Henselmann (1905–1995) geleitet wurde. Ochs, der in seiner Position kaum angreifbar war und keiner radikalen Position zuneigte, hatte des Potential, nach außen stabilisierend zu wirken, kehrte aber schließlich wie die meisten anderen »Grenzgänger« der DDR endgültig den Rücken.

Zwischen Moderne und Tradition

Wie sich die Professorenschaft, und insbesondere Ochs, in dem sich um 1950 zuspitzenden Konflikt zwischen modernistischen und traditionalistischen Konzepten positionierten, bedarf einer vertieften Darstellung, die noch zu leisten wäre. Zurückhaltend zeigten sich Henn und Ochs im Diskurs um den innerstädtischen Aufbau Dresdens; Verdienste erwarben sie sich beim Einsatz für die Rettung historischer Bauten. In ihren Planungen für den Wiederaufbau der TH entzogen sie sich Versuchen einer Einflussnahme aus Berlin im Sinn der »Sechzehn Grundsätze des Städtebaus«, also einer repräsentativ-geschlossenen Struktur in Verbindung mit einem sowjetisch inspirierten Barockklassizismus.[18]

Bauhaus-Moderne und Heimatschutzarchitektur fanden ab 1951 eine gemeinsame Abwertung der Berliner Architekturrichter. Während der Bauhaus-Funktionalismus einer pauschalen Verdammung anheimfiel, blieb die Position zur zweiten Richtung widersprüchlich: So wurden die zeilenförmig angeordneten Internatsblöcke der »Arbeiter-und Bauernfakultät« der TH des Schmitthenner-Schülers und TH-Professors für Baukonstruktionen und Entwerfen, Heinrich Rettig (1900–1974), Anfang 1951 scharf kritisiert und wegen ihres ländlichen Duktus' mit kleinen Fenstern von Kurt Liebknecht in der Presse als »Schnitterkasernen« denunziert. In einem »niederen Modus«[19] zumeist ländlicher Gebrauchsarchitektur, aber nicht nur dort, wurde der Stil allerdings weiter praktisch rezipiert. 1955 verlieh die TH Dresden Paul Schmitthenner sogar erneut die Ehrendoktorwürde. Der Barkhausen-Bau von Ochs geriet trotz deutlich moderner Elemente, wie dem verglasten Treppenhaus und den breiten Fenstern mit ihrer charakteristischen Sprossung, nicht direkt ins Fadenkreuz der »Formalismuskampagne«, wohl weil diese durch ein traditionelles Dach konterkariert wurden.

Zur Rezeption der Stuttgarter Schule mit ihren Forderungen nach Werkgerechtigkeit und Landschaftsgebundenheit in der Architekturausbildung der DDR – und besonders in Dresden – ist in jüngerer Zeit einiges herausgearbeitet geworden.[20] Sicher trifft auch auf den Ansatz von Ochs zu, dass es ihm, wie bei seinem Stuttgarter Lehrer Schmitthenner, um eine Suche nach dem »überzeitlich Einfachen«[21] und damit um eine doppelte Abgrenzung ging. Zum »Dies academicus« der TH am 24. Oktober 1947 führte er seine Position aus und verband dabei Gedanken von Schmitthenners Rede aus dem Jahr 1939 über »Das Sanfte Gesetz in der Kunst« mit dessen Modernekritik und einer Ablehnung historisierender Zugänge: »Nur das Sinnvoll-Wahre kann bestehen. Würde also jetzt die Form des Vergangenen nachgebildet, kopiert, so wäre sie für uns nicht Wahrheit; sie ist nicht mehr unsere Sprache, so gern wir sie noch hören mögen.« Vor diesem Hintergrund wundert es nicht, dass sich Ochs 1947 angesichts der deutschen Kriegsschuld als Ausgangspunkt der Zerstörung, den Protesten gegen den Wiederaufbau des Goethehauses in Frankfurt anschloss.[22] Ochs führte weiter aus: »Das Dritte Reich glaubte, die Sprache des Klassizismus besonders zu pflegen, und wir müssen eingedenk seiner Propaganda unterscheiden, wo etwa Meister empfindsam sie beherrschten und wo sie vom Brutalismus der »Steinernen Herzen« ins Maß- und Formlose verfälscht wurde.« In der Frage »historisch oder modern« gäbe es keine Wahl, »denn keine Entwicklung geht rückwärts«. Doch die »Neue Sachlichkeit« mit dem Gedanken, dass »alles Nützliche auch von selbst schön sei«, führe zu »kurzlebigen Formen« und »modischen Allüren«. Die heutige »Unsicherheit der Erkenntnis des Vergangenen und des Bevorstehenden« sei »eine Folge der Wandlung des Geistes, die sich allmählich aus dem Riss zwischen Gefühl und Verstand gebildet hat«.[23] Wie dies auf seine Schüler wirken konnte, zeigt das Bekenntnis von Joachim Zeh aus dem Jahr 1956. Zeh, inzwischen im Münchener Büro von Henn tätig, schrieb dass er sich, obwohl er sich nun etwas ins »konstruktiv-funktionelle Gebiet abgedrängt« fühle, »wohl nie der extremen Moderne« anschließen können würde und dass sich »auf dem mir von Ihnen auf den Weg Gegebenem gut und hinreichend aufbauen lässt.«[24]

Wettbewerb
Rappbodetalsperre
Staumauer

Wettbewerb
Rappbodetalsperre
Wasseraufbereitungs-
anlage

Bauten und Projekte

Im Folgenden soll kurz umrissen werden, wie Ochs‹ architektonische Haltung in seinen Entwürfen[25] jener Jahre zur Geltung kam. Indirekt zeigt sie sich bereits am *Wettbewerb für eine Grundschule für Bautzen*,[26] für den er 1949/50 mit Fritz Steudtner (1896–1986) im Preisgericht saß. Die strenge Elementarform, die Ochs selbst bevorzugte, fand sich im Siegerentwurf von Arthur Bock mit seinen massierten Quadratfenstern wieder, aber auch zierliche Heimatschutz-Accessoires wie das aufgesetzte Uhrtürmchen und eine offene Reihung der Klassentrakte fanden offensichtlich seine Akzeptanz.

Eine rationalistische, auf dem Quadratmodul beruhende Gestaltung hatte Ochs 1948 für die Wasseraufbereitungsanlage im *Wettbewerb für die Rappbodetalsperre*[27] gewählt; eine Gemeinschaftsarbeit mit Kollegen der TH, die den Zweiten Preis erhielt. Obwohl der Anteil von Henn als Industriearchitekt und Experte für Baukonstruktion und Wasserbau hier nicht zu unterschätzen ist, zeigt sich doch deutlich der Duktus der Entwürfe von Ochs für BBC aus der Zeit vor 1945. Gemildert wird der monumentale Charakter der gereihten Treppentürme durch eine leicht geschwungene Gesamtform im Verlauf der gekrümmten Bergnase, eine von Konsolen abgefangene Biegung der Straße auf der vorgegebenen geraden Dammkrone und das sichtbare, schlanke Stahlbetonskelett der Gebäude. Besonders gewürdigt wurde ihr Vorschlag, weil er im Vergleich zu den anderen Entwürfen (insgesamt 23 aus den Westzonen und 25 aus dem Osten) die Anlage dezenter in die Landschaft einfügte und sie planten, die gesamten Behälter der Wasseraufbereitungsanlage ins Berginnere zu verlegen.

Eine weitere elementaristische Rasterstruktur schlug Ochs im Jahr darauf im *Wettbewerb für ein Flughafenhotel in Frankfurt am Main* mit 196 Zimmern vor. Die Fassadengestaltung war durchaus nicht dogmatisch auf das Quadrat fixiert, doch wirkt sie in ihrer Strenge, zumal stadtseitig hin dominiert von den Einfahrten des vorgelagerten Omnibusbahnhofs, nur wenig einladend.

Doch nicht nur orthogonale Formen konnten als elementares Motiv gelten, im Fall der *Leipziger Thomaskirche* war es das Dreieck der Dachform. Ochs erarbeitete 1950 mit den Architekten Schmidt und Kunz Nierade (1901–1976) Pläne für eine Bachgruft. Dabei schlug er eine plane Oberfläche des West-Giebels vor. Das reiche neugotische Portal aus den 1880er Jahren sollte durch einen Vorbau mit ebenso minimalistischem Dreiecksgiebel ersetzt werden, was allerdings nicht realisiert wurde.[28] Auch im Innenraum sah er die Abnahme späterer Einbauten als Befreiung und einen Weg, die »reine Form des mittelalterlichen Baues wieder herauszuarbeiten«[29]. In oberflächlicher Betrachtung verführt Ochs‹ Suche nach Essenz der historischen Form in ihrer Hinwendung zum Klaren, Einfachen dazu, sie mit Modernität gleichzusetzen. Tatsächlich ist diese Herangehensweise vor allem rückwärtsgewandt, eine Suche nach einer archaischen, ›unverdorbenen‹ Frühzeit. Das typologische Denken der Stuttgarter Schule und reduktionistische Vorstellungen der Moderne berühren sich hier zwar, für Letztere bleibt allerdings die Innovation stets das Wesentliche.

Wettbewerb Flughafenhotel in Frankfurt am Main Ansicht von Nordwesten

Der erste Preis im *Wettbewerb für den Wiederaufbau der Chemnitzer* Oper, erbaut 1907 und teilzerstört,[30] war eigentlich an Kurt Pötzsch (gest. 1972) und Heinz Kirchner gegangen, doch wurde der Aufbau zwischen 1949 und 1951 nach Plänen von Karl Wilhelm Ochs, Walter Henn (vor allem wohl die Baukonstruktion) und des Bühnenfachmanns Kurt Hemmerling (1898–1977) umgesetzt. Auch hier findet sich in den vergrößerten Fenstern und glatten Rundbögen des Foyers der Ansatz einer Rückführung auf Grundformen,[31] der trotz Zugaben aus den 1990er Jahren heute noch nachvollziehbar ist. Nicht erhalten ist die originelle Saalgestaltung von Ochs. Eine Öffnung der Bühne in Breite des Saals bewirkte zusammen mit der optionalen Vorbühne über dem Orchestergraben ein zeitgemäßes Hineinwirken des Bühnengeschehens in den Zuschauerraum, so dass die extrem schlanken Stützen weniger als klassisches Portal denn als Betonung der Kanten der geschwungenen Wandnischen zur Bühne hin fungierten.

Opernhaus Chemnitz
Foyer

Wettbewerb
Nationaltheater
in Mannheim

Ähnliche Motive begegnen uns in zwei unausgeführten Wettbewerbsbeiträgen, die Ochs in der Bundesrepublik einreichte: Bei seinen Entwurfsvarianten zum *Wettbewerb für das Nationaltheater in Mannheim* aus dem Jahr 1950, ein Ankauf,[32] leiten beidseitig Kadenzen von schlanken Säulen in den Rangbereichen das Bühnenmotiv in den Saal hinein. Dieselbe Idee war bereits ein Jahr zuvor beim Beitrag für das *Opernhaus in Hannover* zum Tragen gekommen; sie verweist darauf, dass Ochs im feierlichen Modus des Theatersaals statt einer rationalistischen eine expressive Linie ins Spiel bringen wollte. Wenn auch die frei eingehängte Wendeltreppe

Wettbewerb
Staatsoper Hannover
Treppe zum Rang

zum Rang den typischen Schwung der westdeutschen Nachkriegsmoderne zeigt, wird sie doch von den umlaufenden Säulenpaaren straff vertikalisiert, was nicht nur das Quadrat, sondern auch einen Anklang an das typische »Ochs-Fenster«, u. a. vom Barkhausen-Bau, hat.

Schlichter waren die Entwürfe für das Innere für den *Wettbewerb zum Staatstheater Kassel* 1951/52 gehalten; der vorgeschlagene, logenartig eingezogene oberste Rang erinnert an die Lösung von Hans Richter (1882–1971), die dieser zur selben Zeit für die Volksbühne in Ost-Berlin vorlegte. Ob es hier Anregungen gab, ist bislang nicht nachgewiesen. In der

Wettbewerb
Staatstheater Kassel
Blick von der Bühne

Wettbewerb zur
Staatsoper Hamburg
Entwurf Gerhard Weber

Dachzone des Kasseler Außenbaus ordnete Ochs allerdings eine Aufreihung von stehenden Skulpturen an, ein vielleicht der ehemaligen Residenzstadt gewidmetes barockes Motiv, das gleichfalls in Varianten seines Beitrags für die *Hamburgische Staatsoper* von 1952 auftritt.[33] In der Presse erschien eine schlichtere Fassung, die, verglichen mit manchen Beiträgen der Konkurrenz, einer konventionellen Vorkriegshaltung verpflichtet erscheint. Erbaut wurde die Hamburger Oper schließlich von Gerhard Weber (1909–1986), einem Schüler von Mies van der Rohe. Nach einem zweiten Wettbewerb in Mannheim 1953 wurde Weber auch dort mit dem Ausführungsentwurf beauftragt.

Entwurf: Prof. Ochs (Dresden)

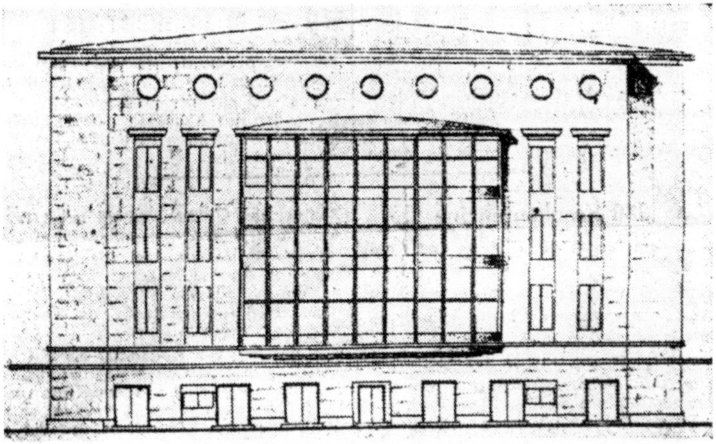

Entwurf: Prof. Werry Roth (Berlin)

Entwurf: Prof. Harting (Berlin)

Fotos: Conti-Press

Wettbewerb
Staatsoper Hamburg
Einsendungen von
Ochs und anderen

Mannheim
Musensaal im Rosengarten

Immerhin kam Ochs in Mannheim noch einmal zum Zuge: Ab 1950 plante er den Wiederaufbau des zerstörten *Musensaals in der Festhalle Rosengarten*. Zum Einsatz kamen aus den 1930er Jahren bekannte, weihevolle Motive, wie die Doppelsäulen, die mit einer eher modern-seriellen Deckengestaltung (heute nicht mehr vorhanden) kombiniert wurden. Ein Wettbewerbsbeitrag aus dem Jahr 1961 für eine *Erweiterung des Rosengartens* brachte ihm keinen der vorderen Plätze[34] – gebaut wurde erst 1974 durch Karl Schmucker (geb. 1928) –, doch entfernte sich Ochs nun unter Beibehaltung expressiver Vertikalformen seiner früheren Jahre von überkommenen Raumkonzepten und begann multifunktional zu denken.

AMPHITHEATER

KONZERT

KINO

BÜHNE MIT VORBÜHNE

Wettbewerb zur
Rosengarten-Erweiterung
neuer Multifunktionssaal

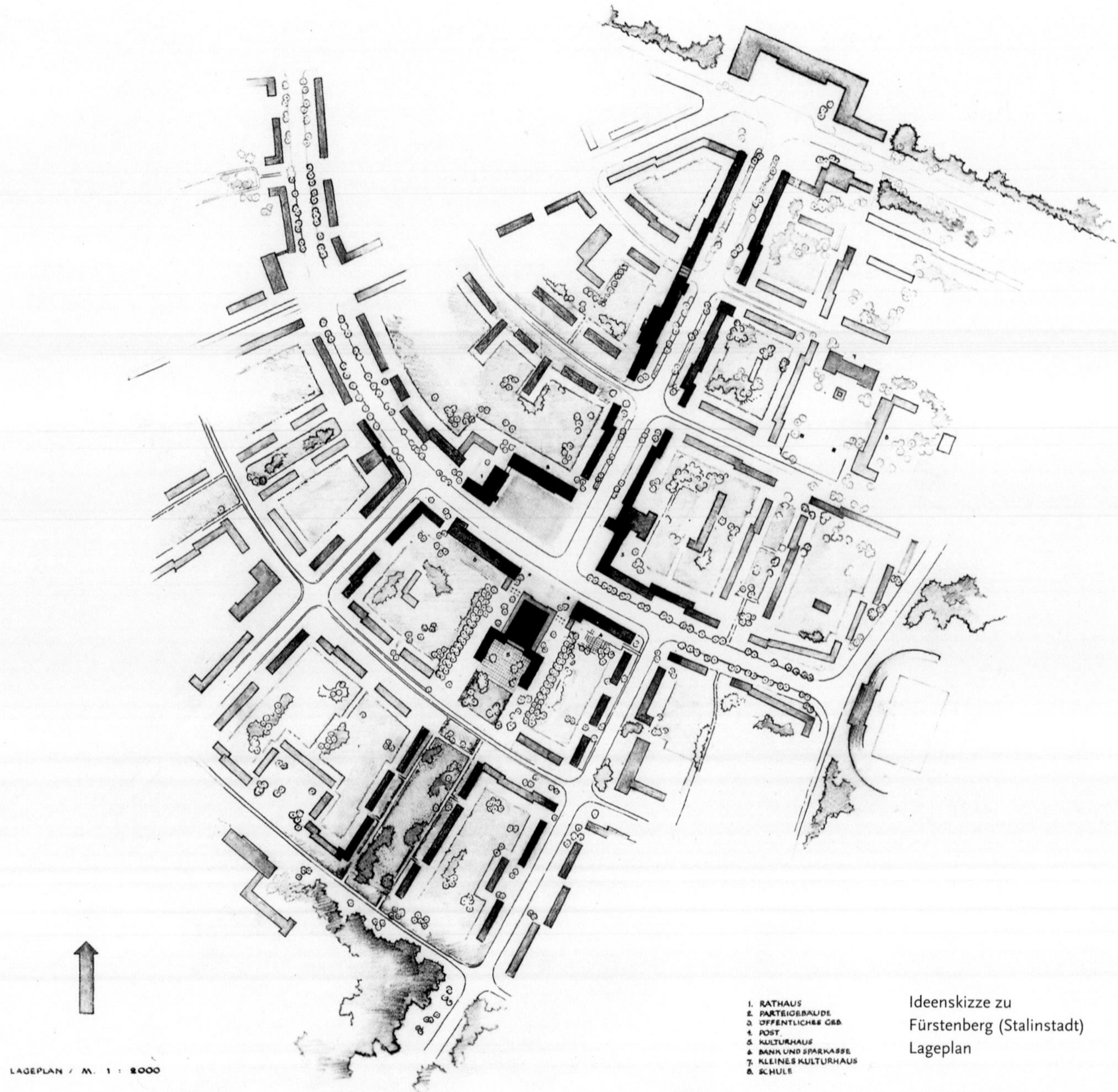

Ideenskizze zu
Fürstenberg (Stalinstadt)
Lageplan

Ideenskizze zu Fürstenberg (Stalinstadt) Zentraler Platz

Zur Abrundung der Werkschau aus der Dresdner Zeit muss ein Projekt genannt werden, für das Ochs versuchte, das gültige städtebauliche Leitbild der DDR mit Magistrale, Zentralem Platz und geschlossenen Blockkanten auf seine Weise zu interpretieren – mit *Ideenskizzen für den Aufbau der Stadt Fürstenberg* (eigentlich Stalinstadt, heute Eisenhüttenstadt), einem Beitrag zum städtebaulichen Wettbewerb von Anfang 1951.[35] Im Layout folgte er der von Franz Ehrlich (1907–1984) erarbeiteten axial aufgefächerten Gesamtanlage, zeigte aber noch deutlich weniger Symmetrieelemente als der kanonisierte Plan von Kurt W. Leucht (1913–1998) aus dem Jahr 1952. Dasselbe gilt für die Platzanlage, die mit Glockenturm, monotaktischer Fensterreihung und Pfeilervorhalle Motive der 1930er Jahre in bekannter Weise zusammenführt, aber wenigstens in ihren feingliedrigeren Details abgemildert wirkt.

Das gestalterische Schaffen von Karl Wilhelm Ochs jener Jahre zeigte sich vielgestaltig, zwischen einer statischen Beschränkung auf Grundformen und dynamischeren Impulsen pendelnd, wobei die Wahl der Mittel durch die konkrete Bauaufgabe bestimmt war und, vielleicht vom Sonderfall Stalinstadt abgesehen, nicht von einem spezifischen Ost-oder Westkontext. Insgesamt von einer Kontinuität der Herangehensweise geprägt, zeigten seine Beiträge immer wieder eigenständige gestalterische Lösungen und boten, besonders in seinen Dresdner Hochschulbauten, eine freundliche Synthese traditioneller und moderner Gestaltungsansätze. Gerade die weitere Erforschung Ochs' Wirken als Lehrer könnte dazu beitragen, gesamtdeutschen Verflechtungen in der Architektur der Nachkriegsjahrzehnte zu erhellen.

Anmerkungen

1 Vgl. dazu den Katalog der von Simone Hain und Hartmut Frank konzipierten Ausstellung: Institut für Auslandsbeziehungen e.V. (Hrsg.): *Zwei deutsche Architekturen 1949–1989*, Stuttgart 2004 | **2** Siehe dazu den Beitrag von Tanja Scheffler in diesem Band. | **3** Vgl. dazu Butter, Andreas: *Berolina-Moskau-International. Bautypologische Bezüge zwischen Ost und West;* in: Wittmann-Englert, Kerstin (Hrsg.): *Verflechtungen: Berlin in der Architektur der 1960er Jahre*, Ludwigsburg 2017, S. 53–69, nur online: www.ag.tu-berlin.de/fileadmin/fg309/AG/Verflechtungen.pdf. | **4** Lebenslauf aus dem Jahr 1953, wiedergegeben in: Wahrhaftig, Myra: *Deutsche jüdische Architekten vor und nach 1933 – Das Lexikon*, Reimer Berlin 2005. | **5** Siehe dazu den Beitrag von Tanja Scheffler in diesem Band. | **6** Professorenkatalog im Archiv der TU Dresden. | **7** Den Hochschulbauten als ein zentrales Vorhaben von Ochs ist ein eigener Beitrag von Hannelore König in diesem Band gewidmet. | **8** Henn, Walter: Rede zur Verleihung der Ehrendoktorwürde der TU Dresden am 2.11.1995, TU Dresden, 1995, S. 36. | **9** Schreiben von Ochs an den Rektor der TU Dresden, 25.6.1951, Universitätsarchiv der TU Dresden. | **10** Schreiben von Henn an Ochs, 21.7.1950, Universitätsarchiv der TU Dresden. | **11** Entwurf eines Schreibens von Ochs an den Rektor der TU, Oktober 1950, Universitätsarchiv der TU Dresden. | **12** Siehe dazu: Butter, Andreas: *West und Ost im Ringen um den sozialen Stadtraum*; in: Bernhardt, Christoph (Hrsg.); *Städtische öffentliche Räume/Urban Public Spaces: Planungen, Aneignungen, Aufstände/Planning, Appropriation, Rebellions 1945–2015* (Beiträge zur Stadtgeschichte und Urbanisierungsforschung; Band 19), Stuttgart 2016, S. 61–98. | **13** Siehe dazu: Levels, Annika: *Across the Border. Ties of Architects and Urban Planners between East and West Germany: The Case of Egon Hartmann, 1954–1976;* in: *Planning Perspectives*, 32. Jg. (2017) Heft 4, S. 557–576. | **14** Briefe von Zeh an Ochs, 21.1. und 28.12.1956, Universitätsarchiv der TU Dresden. | **15** Vgl. hierzu: Geist, Johann Friedrich/Kürvers, Klaus: *Das Berliner Mietshaus.* Band 3 1945–1989, München 1989, S. 487; Henselmann, Hermann, *Das Institut für Bauwesen an der Akademie der Wissenschaften zu Berlin 1947–1950*, unveröff. Typoskript in: Akademie der Künste Berlin, Baukunstarchiv, 120/01/560 1992, S. 6 f.; Durth, Werner/Düwel, Jörn/Gutschow, Niels: *Architektur und Städtebau der DDR. Band 1 Ostkreuz. Personen, Pläne, Perspektiven*, Frankfurt, New York 1998, S. 116 f. | **16** Im Rahmen seiner Dissertation lieferte der Autor dieses Beitrags den Versuch einer Überblicksdarstellung moderner Ansätze in den ersten Nachkriegsjahren; hier wird eine größere Anzahl realisierter Bauten vorgesellt, darunter solche von Ochs. Butter, Andreas: Neues Leben, neues Bauen. Die Moderne in der Architektur der SBZ/DDR von 1945 bis 1951, Berlin 2006. | **17** Hain, Simone; Hain, Simone: ... *spezifisch reformistisch bauhausartig. Mart Stam in der DDR 1948–1952*, ISA, Projektgruppe zur Baugeschichte der DDR, 1. Forschungsbericht, Berlin 1991, S. 7 f. und 11. | **18** Gespräch des Autors mit Walter Henn im Juni 1998. | **19** Hartung, Ulrich: *Arbeiter- und Bauerntempel. DDR-Kulturhäuser der fünfziger Jahre – ein architekturhistorisches Kompendium*, Berlin 1994, S. 40 und 50. | **20** Siehe dazu: Escherich, Mark; *Rettig & Co – die Stuttgarter Bauschule in der SBZ/DDR;* in: Betker, Frank/Benke, Carsten/Bernhardt, Christoph (Hrsg.): *Paradigmenwechsel und Kontinuitätslinien im DDR-Städtebau. Neue Forschungen zur ostdeutschen Architektur- und Planungsgeschichte*, IRS Erkner, Erkner, 2010, S. 359–375.

Weiterhin: Necker, Sylvia: Tagungsbericht *Neue Tradition – Konzepte einer antimodernen Moderne in Deutschland von 1920 bis 1960 am Institut für Baugeschichte der TU Dresden* (besonders der Beitrag von Lippert, Hans-Georg; *Woher nehmen? Die Herleitung der »nationalen Traditionen«*), in: H-Soz.-u-Kult, 15.11.2007. | **21** Escherich 2010, S. 361. | **22** Interview mit Hans-Reiner Müller-Raemisch; in: *Standpunkte. Zur Bebauung des Frankfurter Römerbergs*, http://studylibde.com/doc/14778817/standpunkte-deutscher-werkbund. | **23** Ochs, Karl Wilhelm; Über das Gegensätzliche im alten und neuen Bauen, in: *Baumeister* 45. Jg. (1948) Heft 5–7, S. 230 f. | **24** Brief von Zeh an Ochs, 28.12.1956, Universitätsarchiv der TU Dresden. | **25** Eine dichte Überlieferung zum Werk findet man unter: http://architekturmuseum.ub.tu-berlin.de/index.php?p=51&SID=15115661592333 | **26** Vgl. Butter, 2016, S. 228 und 513. | **27** Rettig, Heinrich: *Entwurf für eine Sperrmauer mit Wasseraufbereitungsanlage im Ostharz;* in: *Baumeister* 47. Jg. (1950) Heft 8, S. 498 und Taut, Max: *Der Wettbewerb um die Rappbodesperre;* in: *Neue Bauwelt*, 4. Jg. (1949) Heft 33, S. 117–123. | **28** Protokoll der 16. Evangelisch-Lutherischen Landesynode, 19.10.1950, Vortrag von Ochs, S. 567–570, im Archiv der TU Dresden. | **29** Hempel, Eberhard: *Anregungen zur Umgestaltung der Thomaskirche*, S. 1, in Universitätsarchiv der TU Dresden. | **30** Zechlin, Hans Josef: *Das Chemnitzer Opernhaus*; in: *Neue Bauwelt*, 4. Jg. (1949) Heft 23, S. 81–83 | **31** Vgl. Stadtverwaltung Chemnitz (Hrsg.): *Festschrift zur Wiedereröffnung des Chemnitzer Opernhauses 1992*, Chemnitz, 1992. | **32** Nennung in: *Der Bauhelfer*, 5. Jg. (1950) Heft 4. | **33** Ich danke Nelli Lipin und Norbert Baues und Hamburgischen Architekturarchiv für Ihre Quellenrecherche. | **34** Auskunft von Dr. Andreas Schenk, Stadtarchiv Mannheim. | **35** Weitere Reproduktionen von Entwürfen in den Wissenschaftlichen Sammlungen des IRS Erkner, A_12, Ordner 14.

HANNELORE KÖNIG

Karl Wilhelm Ochs und der Wiederaufbau der Technischen Hochschule Dresden

Es gibt nur wenige Bereiche des Lebens, die die Situation einer Gesellschaft so deutlich veranschaulichen, wie ihre Bautätigkeit. Im Besonderen gilt dies für Bauaufgaben, die überwiegend vom Allgemeinwesen als Bauherr getragen werden. Hochschulbauten begleiten zudem zeitnah gesellschaftliche Entwicklungen, da wirtschaftliche und politische Veränderungen unmittelbar Forschung und Bildung als Voraussetzung des Erfolges benötigen.

Der verlorene Krieg, die massiven baulichen Zerstörungen und die Teilung Deutschlands in zwei verschiedene Gesellschaftssysteme erforderten in beiden Teilen des Landes einen Neubeginn in allen Bereichen der Gesellschaft. Auch an der Technischen Hochschule Dresden wurde ein Neuanfang nötig. Bei den Dresdner Luftangriffen am 13./14. Februar 1945 waren das Hauptgebäude an der Südseite des Bismarckplatzes (heute Friedrich-List-Platz) und das Pädagogische Institut am Weberplatz vollständig zerstört, die Lehrgebäude im Kerngebiet Südvorstadt schwer beschädigt worden. Lediglich 15 Prozent ihrer ursprünglichen Gebäudefläche waren der Hochschule erhalten geblieben.

Unmittelbar nach Kriegsende begannen die Aufräumarbeiten – auch unter wesentlicher Beteiligung der Professoren. So leitete Heinrich Rettig, Professor für Werklehre, Gebäudelehre und Hochbauentwerfen, die bereits im Juni 1945 gegründete Baukommission. Mit einem »Mindestnotprogramm« konnten bis zum April 1948 die wichtigsten Lehrgebäude vollständig oder teilweise wiederhergestellt werden. Da die Gebäude am Hauptbahnhof nicht in den Wiederaufbau einbezogen wurden, sondern die TH nun in der Südvorstadt konzentriert werden sollte, baute man zur Verbesserung der Raumsituation rings um das Kerngebiet auf enttrümmertem Gelände einige Massivbaracken. Ihnen folgten bald große Gruppen von Montagebaracken namens »Reselith«, die ursprünglich für das Militär in Dresden entwickelt worden. Sie waren die Perfektion einer industriellen Bauweise mit vorgefertigten Montageteilen auf einem konsequent durchgehaltenen Raster von 1,25 m.

Es war eine Zeit des begeisterten, wenn auch schwierigen Neuanfangs bei Studierenden und Professoren. Die Voraussetzung für den Ausbau der Hochschule für 12 000 Studenten wurde mit einer Generalplanung von den Professoren Karl Wilhelm Ochs, Walter Henn und Heinrich Rettig im Jahr 1950 geschaffen. Als Vorlage für den 1. Fünfjahrplan der DDR konzipierte Henn (in Vertretung des gerade erst berufenen Lehrstuhlinhabers für Städtebau

Gebäude der Bauingenieurabteilung der TH Dresden Ochs-Fassung des Observatoriumsturms, um 1950

Das Hauptgebäude der TH Dresden am Bismarckplatz wurde 1945 zerstört.

Georg Funk) im gleichen Jahr einen Plan mit Investitionskosten von 150 Millionen Mark, der vom verantwortlichen Hochschuloffizier der sowjetischen Militärverwaltung akzeptiert wurde. Die Wiederherstellung aller Gebäude der bereits auf diesem Kerngelände ansässigen Abteilungen Maschinenbau und Bauingenieurwesen war damit beschlossen und auch die neuen Standorte für die Fachrichtungen der Naturwissenschaften waren festgelegt. Mit nur wenigen Veränderungen diente dieser Gesamtbebauungsplan als Grundlage aller Bauvorhaben der Hochschule.

Damit begann für ca. 15 Jahre eine intensive Bautätigkeit im vorgesehenen Hochschulgebiet, aber auch nördlich bis zum Hauptbahnhof, östlich bis zum Weberplatz/Teplitzer Straße, südlich bis zur Südhöhe/Kohlenstraße und westlich bis zur vorhandenen Wohnbebauung an der Georg-Schumann-Straße. Neubaukomplexe für Mathematik/Physik, für Schwachstromtechnik und für Verkehrswesen, Um- und Wiederaufbau des Gerichtsgebäudes am Münchner Platz zur Nutzung für mehrere Fakultäten, Wiederaufbau der Gebäudegruppe am Weberplatz für Erziehungswissenschaften, etwa 20 weitere Institutsgebäude und Versuchshallen, Studentenwohnheime, Mensen und Sportanlagen wurden entsprechend einer Festlegung der Landesregierung von 1947 von Architekturprofessoren der Hochschule mit ihren Entwurfsgruppen geplant und in der Ausführung überwacht. Karl Wilhelm Ochs wurde von der Technischen Hochschule mit Bauaufgaben betraut, wie seine Professorenkollegen Walter Henn, Fritz Schaarschmidt, Georg Funk, Werner Bauch, Heinrich Rettig und Wolfgang Rauda.

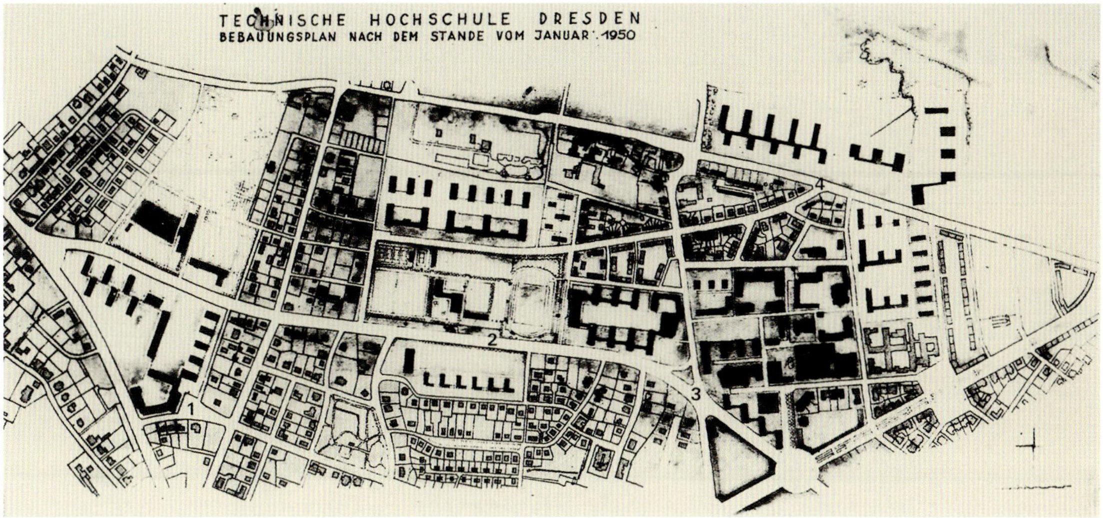

Walter Henn/Karl Wilhelm Ochs/Heinrich Rettig: Flächennutzungsplan TH Dresden, 1950 (1 Weberplatz, 2 Zellescher Weg, 3 Fritz-Förster-Platz, 4 Nöthnitzer Straße)

Wiederaufbau des Gebäudes der Bauingenieurabteilung (»Beyer-Bau«)

Als nach Kriegsende Hochschulen in Westdeutschland wieder öffneten und 1946 der Fortbestand der TH Dresden beschlossen war, wurde als erste Maßnahme der Wiederaufbau der großen Institutsgebäude festgelegt. Dies geschah meist mit dem zusätzlichen Ausbau der Dachgeschosse, um Arbeitsräume zu gewinnen. So auch am Bauingenieurgebäude, dessen Wiederaufbau Ochs' erste große Bauaufgabe war.

Martin Dülfer hatte 1911–1913 das Gebäude für die Bauingenieurabteilung der TH Dresden errichtet, das seit 1953 den Namen »Beyer-Bau« trägt. In dem großen Gebäude um zwei Innenhöfe und einen Vorhof war neben mehreren Hörsälen, großen Übungsräumen und gut ausgestatteten Institutszimmern auch das »Wissenschaftlich-Photographische Institut der Königlich-Sächsischen Technischen Hochschule Dresden« untergebracht.

Im Zentrum des Hauses durchdringt der Observatoriumsturm mit 40 m Gesamthöhe berührungsfrei, d. h. erschütterungsfrei, alle Geschosse. Der Turm, Treppenhäuser, Foyers und Flure entstanden in Eisenbetonskelettbauweise. Als Sichtbeton mit Ornamentik in überragender Qualität gibt er nach mehr als 100 Jahren Unversehrtheit noch immer Rätsel auf. Anfang des 20. Jahrhunderts war dies höchster bautechnischer Standard. Die Fassaden des Hauses prägen gemusterte Klinkerflächen im Wechsel mit vorgefertigten, ornamentgeschmückten Betonelementen. Auch die Puttenfiguren zu Wasser- und Verkehrsbau am Haupteingang George-Bähr-Straße wurden in Betonguss hergestellt. Der Observatoriumsturm war in den ersten Jahren nach seiner Erbauung von einer kunstvoll in Mustern geprägten

1911–1913 baute Martin Dülfer das Gebäude für die Bauingenieurabteilung der TH Dresden.

Nach der Zerstörung stand nur noch das leere Eisenbetonskelett.

Ochs gab dem Stahlbeton-
skelettturm mit der Ausfachung
in Glasbausteinen ein
neues Erscheinungsbild.

Kupferhaut überzogen gewesen. Im I. Weltkrieg nahm man jedoch die Metalldeckungen vieler Türme ab; so auch hier. Der Turm wurde dann vollflächig mit Schiefer bedeckt.

Bei den Bombenabwürfen auf Dresden erlitt das Bauingenieurgebäude schwere Schäden an Dächern, Treppenhaus und Turm. Nach der Zerstörung stand nur noch das leere Eisenbetonskelett. Ab 1948 prägte etwa 20 Jahre lang die Ochs'sche Ausfachung des Turm-Stahlbetonskeletts mit Glasbausteinen dieses Wahrzeichen der Technischen Hochschule.

Ähnlich bemerkenswert wie der Turm war die 35 m lange Beobachtungsterrasse in 23 m Höhe auf dem Gebäudeflügel längs der George-Bähr-Straße. Drei isolierte und sechs mit dem Gebäude verbundene Instrumentenpfeiler dienten geodätischen Beobachtungen und astronomischen Zeit- und Ortsbestimmungen. Um die notwendige Schwingungsfreiheit herzustellen, ruht die Terrasse auf der Eisenbeton-Rahmenkonstruktion des 3. Obergeschosses. Sie hielt der Brandzerstörung stand. Ochs schuf darin große, helle Arbeitsräume. Die Ausfachung des Betonskeletts mit »ochsenblutrot« gestrichenen Mauerflächen und großen Fenstern prägt markant die Fassade zur Südseite.

Rektorat (Günther-Landgraf-Bau) und Alte Mensa

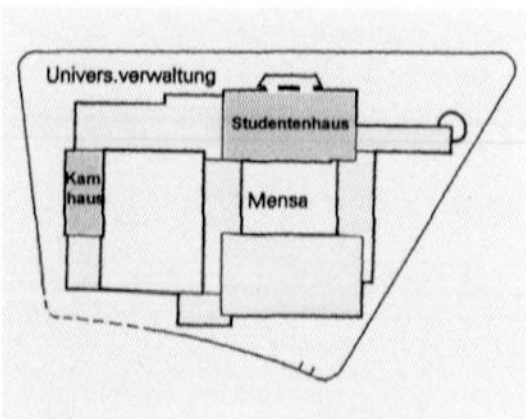

Schemagrundriss des von Ochs geplanten Gebäudekomplexes für die Universitätsverwaltung mit Rektorat und eine Mensaerweiterung

Auf dem Gelände zwischen Helmholtz-, Mommsen-, Dülfer- und Hallwachsstraße plante Karl Wilhelm Ochs einen Gebäudekomplex für die Universitätsverwaltung mit Rektorat und eine Mensaerweiterung. Zwei bestehende Gebäude an der Mommsen- bzw. Helmholtzstraße bezog er ein und schuf mit neuen Verbindungsbauten eine Anlage mit zwei Innenhöfen.

Das vorhandene Gebäude an der Mommsenstraße war von Stadtbaurat Paul Wolf als erstes Studentenhaus Deutschlands errichtet worden. Auf dem vom Geheimen Kommerzienrat Bienert gestifteten, 9 200 m^2 großen Gelände war der Bau 1922 begonnen, aber wegen der Inflation mehrfach unterbrochen worden. 1925 konnte er von der Hochschulwirtschaftsgenossenschaft und dem Studentenarbeitsamt bezogen werden. Zwei Mensasäle mit insgesamt 300 m^2 Fläche, Verkaufsräume für verbilligte Lebensmittel, Bücher und studentischen Bedarf, Werkstätten für Reparaturen, Verwaltungsräume, Lesesäle, Studentenarbeitsräume sowie ein Schlafsaal für durchreisende Studenten waren im Gebäude untergebracht. Oberhalb des Hauses befand sich eine Gartenanlage mit Terrassen um einen Rasenplatz für Freilichttheater und Tanz.

Das bestehende Gebäude an der Helmholtzstraße war das 1935 von Wilhelm Jost gebaute ehemalige Kameradschaftshaus des NSD.

Mit dem 1953 fertig gestellten Rektoratsgebäude verband Ochs beide Häuser. Wieder ist dies ein wohlproportionierter Ziegel-Putz-Bau mit sechsteiligen »Ochs-Fenstern« in Kunststeingewänden – heute leider ohne farbige Deckleisten – und asymmetrisch in der Längsfront hervorgehobener Eingangsachse. Deren Betonung plante er als ein in Gebäudehöhe durchgehendes Rasterfeld. Zur Ausführung kamen dann jedoch eine Holz-Eingangstür im Erdgeschoss und Metall-Fenstertür mit kleinem Balkon im 1. Obergeschoss. Die von Ochs groß-

Westansicht des von Karl Wilhelm Ochs geplanten Verwaltungsflügels an der Alten Mensa, September 1952

Nordansicht des Verwaltungsflügels an der Alten Mensa mit der nicht realisierten Eingangssituation, September 1952

Erweiterung der Alten Mensa, Ansicht von Westen, Entwurfszeichnung vom 15. Dezmber 1951

Eingangsbereich des von Ochs realisierten Rektoratsgebäude, um 1955

zügiger und repräsentativer gedachte Eingangssituation für das Hochschulrektorat ist noch sichtbar an dem innen breit verglasten Windfang, dem hellen Foyer mit großen Öffnungen zum Gartenhof und einer zeittypisch grazil geschwungenen Treppe zum 1. Obergeschoss.

Nach dem Entwurf von Ochs wurden die beiden Mensa-Gartensäle an die Südseite des Studentenhauses angebaut. Dies sind eingeschossige Saalbauten mit beidseitig tief herabreichenden Fensterfronten. Auf beiden Gebäuden waren Dachterrassen angelegt, die seit der Sanierung von 2006 jedoch nicht mehr begehbar sind.

Der von Ochs an der Mommsenstraße um- und angebaute Komplex für Mensaerweiterung und Rektorat war zwischen den beiden Gartensälen nach der Südseite offengeblieben. Eine Grundrisszeichnung der Gesamtanlage vom »Entwurfsinstitut Prof. Ochs« im September 1953 zeigt erstmals die Schließung zu einem Gartenatrium durch Anfügen eines Südflügels. Damit war die Grundstruktur des Komplexes festgelegt. Der Grundriss des neuen Gebäudeteiles unterschied sich jedoch noch sehr von der Bauausführung. So waren Art und Anlage der Treppenanlagen anders gedacht und der Mensasaal im Erdgeschoss hatte nur die halbe Größe. Eine längs durchlaufende Mittelwand und quadratische Säulen bildeten die gedachte Konstruktion im Erdgeschoss ab.

Gebaut wurde ein großer Speisesaal mit beidseitig tief herabreichenden Fenstern. Die sich nach oben fächerförmig öffnenden Betonsäulen mit eingelegter Deckenbeleuchtung und die wie Blüten angeordneten Neonröhren geben dem Raum trotz der Dichte der Säulen eine heitere, fast leichte Ausstrahlung. Im 1. Obergeschoss befindet sich der Festsaal, welcher sich längsseitig mit einer zweigeschossigen Fensterfront nach Süden öffnet. Der Saal ist mit seiner wellenförmig abschließenden Galerie und dem rhombisch gemusterten Deckenspiegeln ein sehr schönes Beispiel für festliche Räume jener Jahre.

Diese denkmalrechtlichen Aspekte waren auch zu beachten, als das Gebäude 2004 bis 2006 saniert und umgebaut wurde. Der wesentliche Eingriff war dabei die Überdachung des Atriumhofes zu einer zentral angeordneten Speisenausgabe, deren Versorgung über Aufzüge aus dem völlig erneuerten Küchenteil im Untergeschoss erfolgt. Trotz des neuen technologischen Konzeptes der Mensa wurde die Schönheit des Ensembles erhalten. Dies betrifft nicht nur die Foyers in Rektorat und Südflügel mit geschwungenen Treppenläufen und Garderoben sowie die beiden wunderschönen Säle des Südflügels, sondern auch die Fassaden, den runden Eckpavillon und die Gartenanlage des Rektorates mit kleinen Brunnen und einer Bärenplastik.

Wahrscheinlich ist der schon erwähnte Gesamtgrundriss dieser Anlage vom September 1953 die letzte Planung von Ochs für die TH Dresden. Inwieweit er danach noch Einfluss auf die Gestaltung hatte oder ob der mit ihm befreundete Heinrich Rettig besonders beim Bau des Südflügels für ihn eine Art Autorenkontrolle wahrnahm, ist nicht bekannt. Als Ochs und Henn im Sommer 1953 dem Ruf nach Berlin bzw. Braunschweig folgten, übernahm das »Entwurfsbüro Süd für Industriebau Dresden« beim »Ministerium für Aufbau« für mehrere Neubauprojekte der Technischen Hochschule die Ausführungsplanung, so auch für die Erweiterung der Mensa.

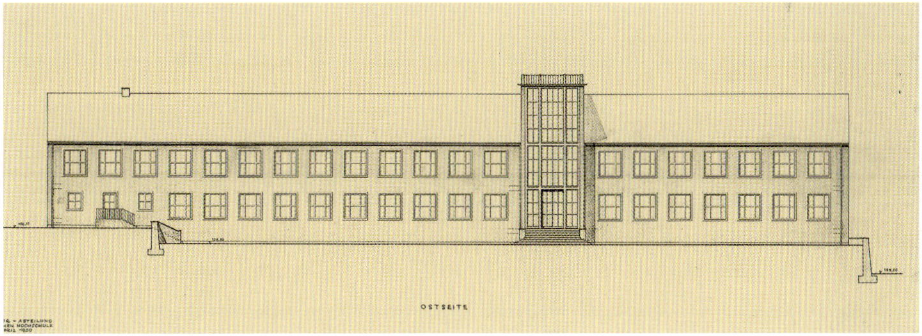

Institut für Schwachstromtechnik der TH Dresden, Ansicht Ostseite, April 1950

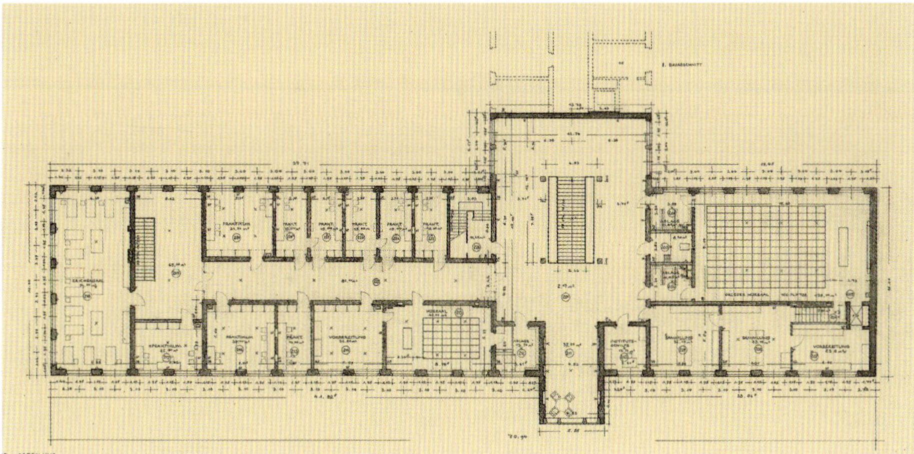

Institut für Schwachstromtechnik der TH Dresden, Grundriss 1. Obergeschoss, April 1950

Institut für Schwachstromtechnik (Barkhausen-Bau)

Eines der ersten großen Neubauvorhaben aus der TH-Gesamtplanung von 1950 war das Lehrgebäude für Schwachstromtechnik, seit 1951 »Barkhausen-Bau«. Die Vorplanungen für diesen Gebäudekomplex zwischen Helmholtz- und Schumannstraße wie auch für die Häuser der Physik-Mathematik-Institute und des Botanischen Instituts am Zelleschen Weg bearbeiteten Karl Wilhelm Ochs und Walter Henn gemeinsam in einer »Planergemeinschaft«. Ochs hatte Henn dazu eingeladen, da dieser schon zeitiger an die Technische Hochschule gekommen war und durch Schule, Studium und Architektentätigkeit in Dresden intensiver deren Belange kannte. Ochs schätzte ihn vor allem als hervorragenden Konstrukteur und guten Organisator. Er selbst sah sich als erfahrener Architekt für die Gestaltung der Gebäude verantwortlich.

Schwachstrominstitut der TH Dresden, Haupteingang um 2016

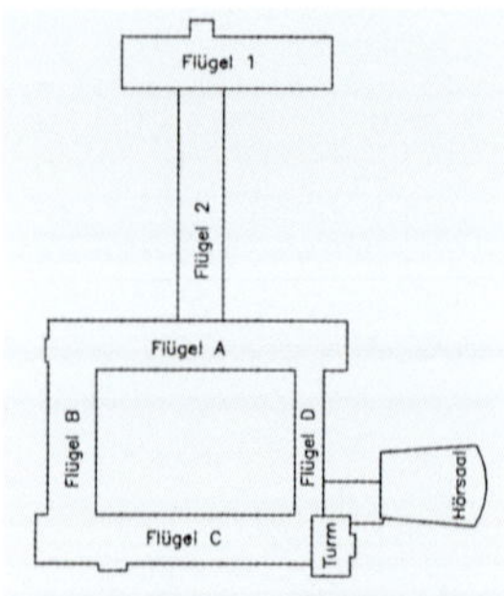

Schemagrundriss mit Angabe der Bauabschnitte des von Ochs geplanten Instituts für Schwachstromtechnik der TH Dresden

Aus dieser Konstellation heraus und wegen ihrer wohl recht verschiedenen Mentalitäten – Ochs ernsthaft und bedacht, der 16 Jahre jüngere Henn ehrgeizig und forsch – hielt diese Art der Zusammenarbeit aktiv nur etwa ein Jahr, trotz Vermittlungsversuchen anderer Professoren der Architekturabteilung und dem ausgesprochenen Wunsch der Hochschulleitung. Dies sollte auch das neue Selbstbewusstsein der Technischen Hochschule zeigen, die ihren Aufbau selbst übernimmt. Möglicherweise trugen auch die häufige Abwesenheit von Ochs wegen zweier Arbeitsorte – Dresden und Heidelberg – sowie seine gesundheitlichen Probleme dazu bei, dass Henn eine vollverantwortliche Trennung der Neubauvorhaben wünschte. Im Herbst 1950 erklärte sich Ochs dazu bereit.

Damit wurde die alleinige Verantwortung für die Bauten der Mathe-Physik-Institute und des Botanischen Institutes (heute Drude-Bau) sowie für das Gebäude der Verkehrswissenschaften (später »Verkehrshochschule«) an der Hettnerstraße Henn übertragen. Ochs betreute nun mit seinen Mitarbeitern die Planungen der Gebäudekomplexe für Mensa/Rektorat und für das Institut für Schwachstromtechnik sowie für das Institut für Grundbauforschung (Neuffer-Bau). In den Jahren 1950 bis 1953 errichtete er die beiden ersten Bauabschnitte des Instituts für Schwachstromtechnik.

Der Gebäudekomplex ist in vier Bauabschnitte (BA) gegliedert. Die Flügel 1 und 2 mit kleinem Hörsaal, Praktika und Laboren sind die von Ochs ausgeführten Abschnitte I und II.

Das »Ochs-Fenster« wurde stilprägend für die Institutsgebäude der TH Dresden in den 1950er Jahren.

Die Atriumanlage mit Flügel A bis D und dem Turmgebäude ist der von Heinrich Rettig weitergeführte Abschnitt III. Der Hörsaalanbau als Abschnitt IV wurde von Rettig, anders als in den Ochs'schen Vorentwürfen, als lose angebundener, heiterer Vorbau geplant. Aber die farbigen Leisten an den hohen Fenstern von Hörsaal und Foyer stellen wieder die gestalterische Verbindung zum Ochs'schen Bau her.

Das Hauptgebäude (BA I) erstreckt sich mit seiner ausgewogenen, modernen Längsfront parallel zur Helmholtzstraße, während der rechtwinklig dazu stehende Flügel (BA II) die Verbindung zu den späteren Gebäudeteilen (BA III und IV) herstellt. Beide Bauabschnitte besitzen 3 Ebenen, d. h. ein ausgebautes Sockelgeschoss sowie Erd- und Obergeschoss.

Der Haupteingang Helmholtzstraße 18 befindet sich im hervorgehobenen Antennenturm. Mit seiner in Glas aufgelösten Vorderfront akzentuiert er asymmetrisch die Gebäudelängsfront und ist Blickpunkt der rechtwinklig auflaufenden Mommsenstraße. Den Vorplatz des Hauptgebäudes schmückt ein Brunnen mit der Plastik »Jüngling mit Fisch« vom Dresdner Bildhauer Johannes Schreitmüller. Eine feinsinnige, von Werner Bauch entworfene und heute denkmalgeschützte Gartenanlage mit Terrassen und Teich befindet sich im Innenbereich des Gebäudekomplexes.

Am Barkhausen-Bau entwickelte Karl Wilhelm Ochs das für alle TH-Bauten dieser Zeit typische Fenster: Sechsteilig, mit breiteren Mittelteilen und dem Kämpfer oft in halber

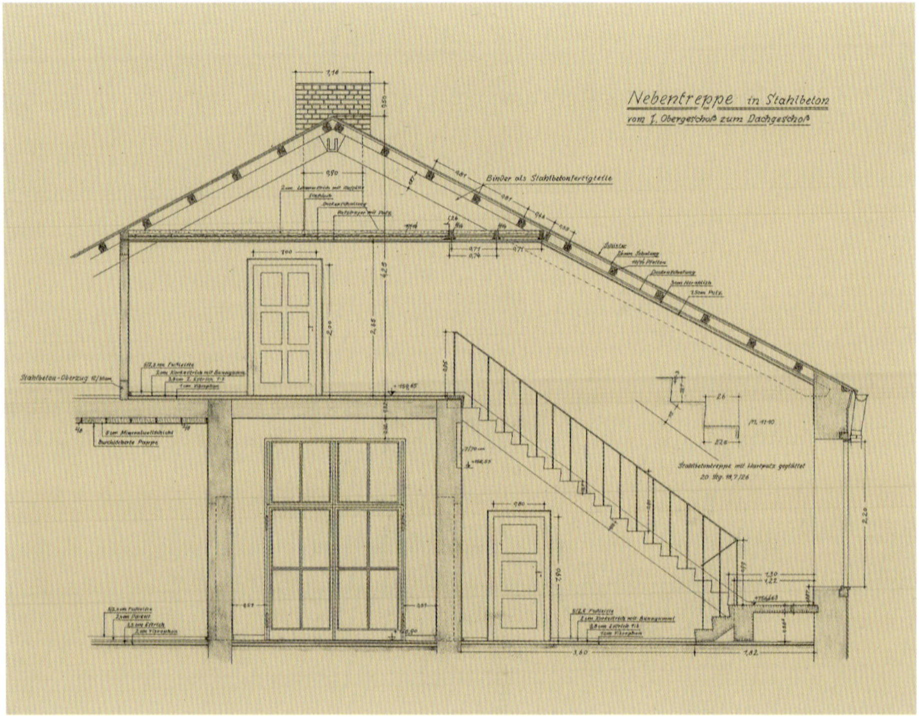

Schwachstrominstitut der TH Dresden, Schnitt mit Treppe zum Dachgeschoss, Detailzeichnung 4. August 1950

Fensterhöhe, weißen Profilen mit farbigen Deckleisten, die bei jedem Gebäude eine andere Farbe besaßen – gelb, braun, grün oder türkis. Dieses Fenster wurde auch als »Ochs-Fenster« bekannt.

In einer kleinen Schnittzeichnung zu Dachkonstruktion und Treppe fällt die Bezeichnung »Stahlbetonpfetten« auf. Dies war eine Neuerung – auch im Wohnungsbau jener Jahre – zum Ersatz von Holz. Ebenso klar und elegant wie das Gebäudeäußere ist die Innengestaltung mit breiten Verbinderfluren, Türen in Kunststeingewänden und dem großen Treppenlauf im Eingangsfoyer. Geländer, Leuchten und Uhren sind noch im Original erhalten und zeigen die Noblesse der einfachen Gestaltung.

Besonders interessant sind der zum Abschnitt I gehörende »Schalltote Raum« und die Akustiklabore des Institutes für Elektro- und Raumakustik. Hier wurden z. B. auch Saalmodelle zum Wiederaufbau der Semperoper und zum Neubau des Kulturpalastes Dresden getestet. Der gesamte Gebäudekomplex einschließlich Grünanlagen wurde schon zu DDR-Zeiten unter Denkmalschutz gestellt.

Institut für Grundbauforschung der TH Dresden, Ansicht von Osten, undatiert

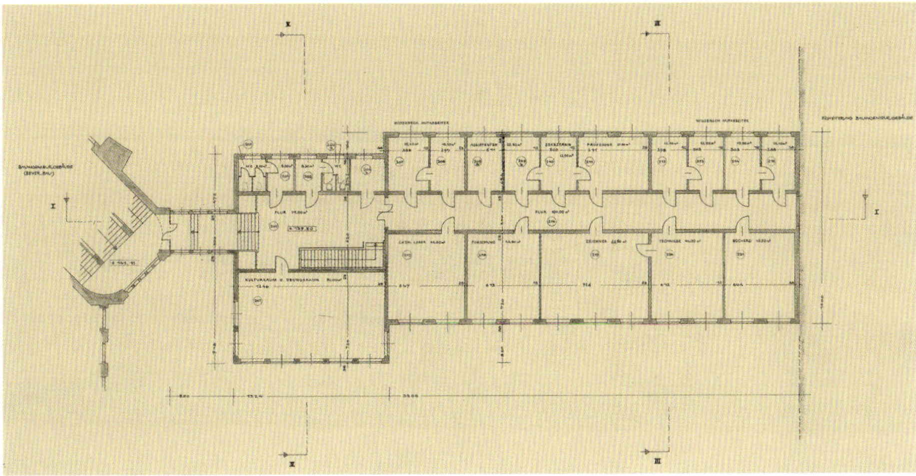

Institut für Grundbauforschung der TH Dresden, Grundriss Obergeschoss, März 1953

Institut für Grundbauforschung (Neuffer-Bau)

Über alle Jahrzehnte wurden Entwürfe für eine Beyer-Bau-Erweiterung auf dem Gelände erarbeitet, das Martin Dülfer in seinem Bebauungsplan von 1910 für das Gelände der Architekturabteilung an der Bergstraße und die zentrale Campuseröffnung mit Halle, Aula und Verwaltung am Sedanplatz (heute Fritz-Foerster-Platz) vorgesehen hatte. Der Beyer-Bau ist bis heute an dieser Giebelseite ein Torso.

Im Januar 1953 zeichnete Ochs eine Längsansicht des Gebäudes mit einem östlichen Anbau. Dazu gibt es vom Juni 1953 einen Lageplan-Entwurf von Ochs zu dieser Erweiterung des Bauingenieurgebäudes. Daraus ist die heute eigenartig anmutende Lage des einzigen gebauten Hauses erklärbar. Es sollte an das östliche Treppenhaus des Beyer-Baus mit einem Übergang im 1. Obergeschoss angeschlossen werden. Dies geschah jedoch nicht.

Institut für Grundbauforschung der TH Dresden, um 1955

In den Jahren 1953/54 entstand an der Südseite des Beyer-Baues nach den Plänen von Karl Wilhelm Ochs das Gebäude für das Institut für Baugrundforschung und Baugrundmechanik. Im Erdgeschoss des zweigeschossigen, schlichten Baus – wieder mit den so genannten »Ochs-Fenstern« – befinden sich Labore und Versuchseinrichtungen und im 1. Obergeschoss das Konferenzzimmer der Fakultät mit einem Holzrelief von Reinhold Langner, der Bauplastik für Architekturstudenten an der TH Dresden lehrte.

Auch an diesem einfach erscheinenden Bau ist die gute Gestaltung von Ochs an der ausgeglichenen Lochfassade und an dem sehr schönen Haupteingang zur Beyer-Bau-Seite erkennbar. Die Entwürfe für den Neuffer-Bau fertigte Ochs im Juni 1953 an, obwohl er schon im Mai 1953 aus der Dresdner Hochschule ausgeschieden war und im August des Jahres vom Ministerium entpflichtet wurde. Ab August 1954 ist die Ausführungsplanung dann durch das »Entwurfsbüro Süd für Industriebau Dresden des Ministeriums für Aufbau« nachweisbar. Leider wurde das Gebäude nach 1990 zu Gunsten des benachbarten Hörsaal-Neubaus um zwei Achsen gekürzt und ungünstig in seinen Proportionen verändert. In einem ausgeschriebenen Wettbewerb für dieses Gelände fehlte es ganz.

Allen Bauten von Karl Wilhelm Ochs für die Technische Hochschule Dresden sind eine »zurückhaltende Klassizität in einer modernen, aber dennoch zeitlosen Formensprache, ausgewogene Proportionen in der Komposition der großen Formelemente« gemein, wie sie Manfred Zumpe im vorliegenden Band würdigt. Damit wirkte Ochs selbst in einer von politischen Architekturdoktrinen geprägten Zeit stilprägend. Nicht zuletzt motivierte Ochs die durch das staatlich verordnete historisierende Bauen zunehmend desillusionierte Architektenschaft, selbst in politisch schwierigen Zeiten eigene gestalterische Wege zu gehen und – wenn auch ideologieverträglich gemäßigt – modern zu bauen.

Der Zeichner

Die Mutter war Malerin. Schon diese Herkunft gibt eine Erklärung für seine Art zu zeichnen: wie ein Maler, zumindest malerisch. Nie begnügte er sich mit dem Strich allein. Die reine Strichzeichnung, wie sie Heinrich Tessenow betrieb, dessen Streben nach größter Schlichtheit Karl Wilhelm Ochs doch so nahestand, entsprach nicht seiner malerischen Auffassung. Auch die vom Strich her bedingte Abstraktion war nicht seine Sache. Weil er alles so anschaulich und plastisch wie möglich wiedergeben wollte, übernahm er auch nicht die Federzeichentechnik seines Lehrers Paul Bonatz, der mit Schraffuren die dunklen Partien darstellte, oder gar die von Hans Döllgast. Sucht man nach Anregungen und Vergleichen, so findet man sie vielleicht in der Generation eines Peter Behrens oder Alfred Messel. Auch sie verwendeten malerische Zeichenmittel; den weichen Stift oder Kohle. Selbst wenn Ochs mit der an sich schon malerischen breiten Feder zeichnete, verzichtete er nie auf die Tönung mit Kohle oder verdünnter Tusche. Nur an Farben hat er sich nicht versucht. Er muss Angst gehabt haben, sie »richtig« aufeinander abzustimmen – ein Relikt vom Einfluss der Mutter? Und unbefangen drauflos zu malen und beim Aquarell sich dem Zufall zu überlassen, das lag ihm offenbar nicht. Dazu war er viel zu sehr der Architekt, der nach einer vorher durchdachten Konzeption arbeitet.

Dass Karl Wilhelm Ochs so malerisch zeichnete, darf man natürlich nicht dem möglichen Einfluss der Mutter allein zuschreiben. Viel näher liegt es, bis in die Welt des Barocks zurückzublättern, als jede künstlerische Äußerung malerisch ausfiel; die des Architekten bei der Darstellungsweise genauso wie die Architektur selbst. Ochs liebte die Barockarchitektur über alles; namentlich in Oberitalien.

Aber nicht von den Entwurfszeichnungen ist die Rede. Diese stammten ja fast immer von den Mitarbeitern. Vielmehr von den Reiseskizzen. Sie sind – und waren es in den vergangenen Jahrhunderten ja noch viel mehr – des Architekten von jeder Reise erhoffte Ausbeute. Sie entstehen in der Gegenwart sicher auch noch, aus der Vergangenheit sind sie zuhauf überliefert; aus dem 18./19. Jahrhundert von Knobelsdorff, dem Hamburger Arens und den Zeitgenossen bis zu Schinkel etwa und auch darüber hinaus in großer Zahl.

Siena, 1937

Wenn man die Zeichenweise von Ochs charakterisieren will, kommt man auch zu Vergleichen mit den lavierten Landschaftszeichnungen der Malerei aus dem 17./18. Jahrhundert; mit denen Rembrandts beispielsweise. Dessen malerische Behandlung der weiten Landschaft und der Bauwerke findet sich bei Karl Wilhelm Ochs wieder; in der ähnlichen Zeichentechnik mit Feder und verdünnter Tusche wie im Bildaufbau von Vorder-, Mittel- und Hintergrund. Wie wenig sich die Darstellung des Architekten von der des Malers oft unterscheidet, sieht man bei Knobelsdorff und Schinkel, freilich verhinderten Malern. Aber wie viele Architekten sind es ebenfalls!

Das Vergnügen am Zeichnen, verbunden mit dem Wissen um den Wert für den Architekten, veranlasste Karl Wilhelm Ochs, gelegentlich mit den Studenten in der nahen Umgebung zu zeichnen, obwohl das nicht sein Lehrfach war. Ein Zeichenlehrer fehlte damals noch. Am 10. Mai 1947 steht in meinem Tagebuch: »Am Vormittag in Alt-Räcknitz Freihandzeichnen mit Prof. Ochs und Henn. Schönes altes Gebäude als Motiv. ... Ochs selbst lieferte in kurzer Zeit eine herrliche, flüssige Skizze.« Damit spornte er an, lehrte durchs Beispiel, nicht durch beckmesserische Korrektur. Henn war übrigens der Statik-Professor [sic!].

Die Darstellungsweise der Zeichnung vor Ort übernahm Ochs auch für die Perspektive, die bei jedem Entwurf selbstverständlich war und deren Anfertigung er sich vorbehielt. Er wollte den Entwurf räumlich oder in der Landschaft vor sich sehen, um ästhetische Mängel entdecken zu können. Natürlich spielte auch die Freude an der Darstellung – auch als Belohnung für die anstrengende Entwurfsarbeit – eine Rolle. Auf der Unterlage der von der Assistenz sorgfältig durchgearbeiteten Konstruktion zeichnete er zunächst mit Holzkohle. Ließ weg, was ihm unwesentlich erschien. Die Tektonik festigte er erst mit der Feder auf einem zweiten Blatt; denn selten begnügte er sich mit einer einzigen Fassung. Seine Erfahrung hieß: der erste Versuch fällt zu ängstlich aus, der zweite zu wild und erst der dritte gelingt.

Ein eigenes Konvolut bilden die Ruinenzeichnungen, zwei Dutzend. Ruinen waren im Dresden der ersten Nachkriegsjahre ja die naheliegendsten Motive. In der Bergstraße, wo er in der Pension Strehle wohnte, hatte er sie vor der Tür; repräsentative Villen, schon mit Gestrüpp überwuchert. Da die Architektur dieser Villen vom Historizismus und von Anregungen aus Italien geprägt war, gerieten sie dem großen Italienliebhaber als Erinnerungen an Pompeji und Herculaneum. Selbst wenn er ein intaktes Haus im Weichbild von Dresden als Motiv wählte, wirkte das einfache Landhaus in Italien nach. Es hatte ja auch seinen Entwurfsstil geprägt. Die Ruine als das schreckliche Ergebnis von Krieg und Tod herauszuarbeiten, das lag ihm weniger. Nur wenige Blätter zeigen die langen, ausgeglühten Fassaden aus dem Stadtzentrum mit den leeren Fensterlöchern, die so gespenstig und anklagend wirkten.

In seinen letzten Lebensjahren, als das Interesse an der Architektur nachgelassen hatte, zeichnete er am liebsten Bäume. Sie hatten bei seiner Architekturdarstellung immer schon eine Rolle gespielt, um das Bauwerk in die Umgebung einzubinden. Pappeln dienten als Zypressenersatz für Vertikalakzente. Am Baum, den er in der Natur zeichnete, interessierte ihn das organische Hochwachsen der Äste. In dessen Windungen mag er die Dynamik des barocken Formenreichtums gespürt haben. Weder wollte er auf die expressive Kompositionen eines Otto Müller hinaus noch auf die heile Welt der Landschaften Ferdinand Waldmüllers. Seine Auffassung lässt sich mit den Baumstücken der Romantiker Oswald Achenbach, Johann Christian Clausen Dahl, Friedrich Preller oder Christian Friedrich Gille vergleichen. Auf Staffage mit Personen verzichtete er jedoch. Auch sorgfältige Naturstudien in der Art der Nazarener lagen ihm nicht. Er skizzierte ja nicht, um wie der Maler das Festgehaltene später zum Gemälde auszuarbeiten.

Schließlich eine Frage, die an jeden Architekten – und nicht nur an ihn – zu stellen wäre: Warum zeichnete Karl Wilhelm Ochs eigentlich draußen? Die Antwort mag subjektiv sein: Er freute sich an der Schönheit der Natur und der alten Bauten, die mit ihr harmonierten. Deswegen fotografierte er ja auch viel. Wie jeder »Augenmensch« war er für Schönheit hoch sensibel. Beim Zeichnen lässt sie sich auskosten und erleben. Da prägt sie sich tiefer ein. Die Zeichnung bringt sie in Besitz, die Schönheit wird Eigentum und Bestandteil von uns selbst.[1]

Anmerkungen

1 Heckmann, Hermann: *Der Zeichner*, unveröffentlichtes Manuskript, 1988; AStSA, NL Ochs.

Reiseskizze, undatiert

Florenz, 1937

Ischia, 1958

Siena, undatiert

Landschaftsskizze, undatiert

Dresden, 1947

Ruinedarstellung Dresden, 1947

Landschaftsskizze, 1966

Landschaftsskizze, 1966

o. T., 1982

Pfaueninsel, 1984

Wannsee, 1966

ERINNERUNGEN

MANFRED ZUMPE

Architektur und Musik.
Begegnungen mit KWO

Als ich im Herbst 1949 nach einem mit Ungeduld überstandenen Abitur die Pforten der Technischen Hochschule in Dresden betreten durfte, da umgab mich ein seligmachendes Gefühl von Freiheit und Erwachsensein. Das strenge Unterrichten im Gymnasium war endlich vorüber. Wir genossen die größere Distanz des Professors im weiten Hörsaal im Vergleich zur oftmals bedrohlichen Nähe des Lehrers im engen Klassenzimmer. Welch froh zu atmende Luft von Freiheit umgab uns damals in den ersten Studienjahren nach dem Ende des Krieges, als alles neu begann.

Ein hervorragend zusammengesetztes Kollegium von Professoren war an die Hochschule berufen worden und mühte sich mit Hingabe, uns in allen Fächern der Architektur eine glänzende Ausbildung zu geben:

Eberhard Hempel in Geschichte der Baukunst und Allgemeine Kunstgeschichte,
Hans Hartl im Freihandzeichnen,
Georg Nerlich in Malen und Grafik,
Reinhold Langner in Bauplastik,
Otto Schubert in Bauformenlehre und Gebäudelehre,
Heinrich Rettig in Baukonstruktionslehre und Entwurfslehre,
Werner Cords im Landwirtschaftlichen Bau- und Siedlungswesen,
Walter Henn in Baukonstruktionen, Industriebau und Bautenschutz,
und Karl Wilhelm Ochs in Gebäudelehre und Entwerfen von Hochbauten.

Leopold Wiel schrieb mir einmal: »Manfred Zumpe hatte das Glück bei Persönlichkeiten studieren zu können, die nicht nur anerkannte Fachleute waren, sondern zugleich Wegbegleiter ihrer Studenten in einer Zeit voller Probleme«.[1] Karl Wilhelm Ochs war einer dieser Wegbegleiter in meinem Leben. Die erste Begegnung mit ihm hatte ich gleich zu Beginn des Studiums. Er hielt für das neu immatrikulierte Semester die Begrüßungsvorlesung. Sie wird mir unvergesslich bleiben. Redend und an die Tafel zeichnend beschwor er die Schönheit des Architektenberufes und führte uns ein in die ersten Geheimnisse des architektoni-

Karl Wilhelm Ochs
1987

Karl Wilhelm Ochs und Walter Henn (3. v. r.) bei der Grundsteinlegung des Physikalischen Instituts der TH Dresden

schen Gestaltens. Danach wussten wir – und er sagte es auch mit Überzeugung –, dass wir den schönsten Beruf, den es auf dieser Welt gibt, gewählt hatten. Er hatte mich mit dieser ersten Vorlesung in seinen Bann gezogen.

Wie traurig für mich, dass dieser begnadete Lehrer erst für die höheren Semester zuständig war. Vier Semester musste ich warten, bis es endlich so weit war, das zentrale Fach des Architekturstudiums – Entwerfen von Hochbauten und Gebäudelehre – bei ihm zu belegen. Heimlich jedoch setzte ich mich manchmal, wenn es die Zeit erlaubte, in seine berühmte Vorlesung über Theaterbauten. Ich begegnete ihm oft, wenn er mit nachdenklichem Antlitz bedächtigen Schrittes – stets mit Spazierstock – von seiner Wohnung in einer Privatpension auf der Bergstraße zu seinem Lehrstuhl in der George-Bähr-Straße ging und spürte immer klarer, dass dies ein ganz wichtiger Mann sein würde auf meinem Weg zum Architekten.

Anders als heute gab es damals wenige Studentinnen. Von etwa 60 Studenten waren es nur sechs. Eine erregte mein besonderes Interesse. Wir saßen sehr oft nebeneinander im Hörsaal und tauschten Gedanken aus. Dieses Mädchen umgab ein rätselhaftes Geheimnis. Es sprach sich herum, dass sich zwischen ihr und dem dreißig Jahre älteren Professor Ochs eine Liebesbeziehung entfaltete. Helga Schmidt – nach wenigen Jahren dann Helga

Ochs – arrangierte für mich die ersten persönlichen Begegnungen mit dem Meister. Die erste Zusammenarbeit ergab sich beim Wettbewerb zum Opernhaus Berlin-Charlottenburg. Ich durfte in den Räumen seines Lehrstuhls zusammen mit seinen Mitarbeitern Erhard Lukas und Hermann Heckmann, natürlich auch mit Helga, an den Wettbewerbsplänen zeichnen – oft bis in die Nacht hinein. Völlig überrascht hörte ich plötzlich aus seinem Arbeitszimmer Klaviermusik. Er spielte Bach. Wo gab es so etwas in einer Technischen Hochschule? Ein Flügel im Zimmer des Ordinarius! Von diesem Erlebnis an stieg meine Bewunderung und Sympathie für ihn, denn auch meine zweite Leidenschaft war die Musik. Seit meinem siebenten Lebensjahr hatte ich Klavierunterricht genommen und hätte mich genauso gern für ein Musikstudium im Fach Klavier entschieden, wenn mir die Immatrikulation an der Architekturabteilung in Dresden versagt worden wäre.

Für den ersten Entwurf meldete ich mich selbstverständlich bei Ochs an. Er gab mir ganz überraschend das faszinierende Thema »Musiklandheim in Dresden Loschwitz«, auf einem ausgedehnten Hanggrundstück an der Schevenstraße, dort, wo Hans Nadler sein Domizil hatte. Es war für mich die ideale Aufgabe – ein bauliches Ensemble für Musikstudenten und ihre Lehrer zu entwerfen, mit Wohnungen, Unterrichtsräumen, Freizeiträumen, gastronomischen Einrichtungen und natürlich mit einem Konzertsaal, in einer landschaftlich ganz exponierten Lage. Mit welcher Hingabe habe ich an diesem Entwurf gearbeitet! Er sollte mir die Gunst des Meisters bescheren. Ich mühte mich bei den Perspektiven um die Nachahmung seiner legendären Darstellungskunst mit Blei und Kohle und versuchte all das im Entwurf zu zeigen, was er uns in seinen Vorlesungen, Seminaren und Übungen beibrachte. Als ich dann endlich die Arbeit vor ihm ausbreitete, schmunzelte er mit sichtlicher Befriedigung und gab mir ohne Umschweife die Note Eins. Welch Glücksgefühl für einen jungen Studiosus!

Was war das Besondere an der Architektur von Karl Wilhelm Ochs? Wir konnten es miterleben an den Bauten, die er in Dresden schuf. Damals in den fünfziger Jahren gab es den größten Bauboom, den die Hochschule je erlebt hat. Walter Henn beschwor anlässlich seiner Ehrenpromotion 1997 in einer für ihn ungewöhnlich emotionalen Rede diese ersten Jahre des Wiederaufbaus der Technischen Hochschule Dresden noch einmal herauf und resümierte, dass er trotz aller Schwierigkeiten der damaligen Jahre, der Unsicherheit und Willkür, des Mangels und der Entsagung in seinem ganzen Leben nie wieder so unbürokratisch und mit so viel Freiheit vergleichbare Aufgaben in seiner Arbeit als Hochschullehrer und Architekt bewältigen konnte.[2] Ihm war es gelungen, bei der sowjetischen Militäradministration (die in dieser Nachkriegszeit für alle wichtigen Entscheidungen zuständig war) einen großzügigen Plan für die bauliche Entwicklung der Technischen Hochschule in Dresden durchzubringen – mit riesigen Erweiterungsflächen des Hochschulareals und einer Vielzahl neuer Institutsbauten. Damit begann eine fruchtbare Zeit für die Professoren der Architekturabteilung, die nun neben ihrer Lehrtätigkeit umfangreiche Entwurfsaufgaben erhielten und auf diese Weise den Studenten auf die anschaulichste Weise ihre Auffassung von Architektur nahebrachten.

Institut für Schwachstromstechnik der TH Dresden Barkhausen Bau

Einer der schönsten Bauten, den Ochs in Dresden geschaffen hat, ist der Barkhausen-Bau an der Helmholtzstraße. An diesem Bau kann man das Besondere in der Architekturauffassung des Meisters studieren: Zurückhaltende Klassizität in einer modernen, aber dennoch zeitlosen Formensprache, ausgewogene Proportionen in der Komposition der großen Formelemente, aus denen die Fassade sich fügt – die asymmetrisch angeordnete gläserne Eingangsachse, die den Baukörper mit den beidseitig langgestreckten ruhigen Lochfassaden akzentuiert und durch die leichte Verdrehung des Bauwerkes zur Achse der Mommsenstraße körperlich in Erscheinung tritt, ein ruhiges, flachgeneigtes Satteldach mit knappem Gesims und Ortgang und – erstmals in Dresden vorgeführt – eine neue Fensterteilung mit breitem Mittelteil, beidseitig schmalen Seitenteilen und mittigem Kämpfer. So wie man vom »Palladio-Fenster« spricht, so sprach man damals vom »Ochs-Fenster«. Es prägte von nun an die Architektur vieler Institutsbauten im Hochschulareal. Wir waren begeistert von dem großzügigen Treppenhaus mit seinen fast archaischen Formen und der schönen einläufigen Treppenanlage in der Mittelachse mit dem leicht ausschwingenden Antritt. Aber auch andere Ochsbauten, z. B. der Anbau des damaligen Rektoratsflügels an die Alte Mensa und die beiden dreischiffigen Gartensäle hinter der Alten Mensa, zeigen die Kunst des Architekten in der Zurückhaltung der gestalterischen Mittel und in der einfühlsamen Hinzufügung an Bestehendes.

Anbau der Alten Mensa mit »Ochs-Fenstern«

Ein besonderer Höhepunkt war der Wiederaufbau der Chemnitzer Oper. Auch hier findet sich eine wohltuende Zurückhaltung in der Formensprache der Innenraumgestaltung und dennoch eine überzeugende Musikalität des architektonischen Ausdrucks bis hinein ins letzte Detail. Als der Bau vollendet war, lud er seine Studenten ein, das Werk mit ihm zu besichtigen und veranstaltete danach im »Chemnitzer Hof« ein großes Gelage. Viele sind heute betrübt, dass diese alte Ochs'sche Fassung der notwendig gewordenen Rekonstruktion des gesamten Opernhauses weichen musste.

Die Dresdner Schule, die vorwiegend von Ochs, Rettig und Henn – später auch von Rauda und Göpfert – geprägt wurde, geriet mit der damaligen offiziellen Architekturentwicklung in einen offenen Konflikt. Von Moskau verbreitete sich über die Deutsche Bauakademie in allen großen Städten der damaligen DDR die Theorie der »Nationalen Bautraditionen«. Sie wurde mit undemokratischen Mitteln in konfliktreichen Auseinandersetzungen aggressiv proklamiert und mit der Macht der Partei immer mehr durchgesetzt. Ich erinnere mich noch an eine große Schauveranstaltung im überfüllten Hörsaal, als der damalige Präsident der Bauakademie, Kurt Liebknecht, mit seinen engsten Verbündeten gegen die Dresdener Schule zu Felde zog und wie tapfer und streitbar unsere Professoren ihre Auffassung von zeitgemäßer Architektur verteidigten. Die Studentenwohnhäuser von Heinrich Rettig

Oper Chemnitz
Treppendetail

wurden als »Schnitterkasernen« verhöhnt, die schmucklosen Bauten von Ochs und Henn ohne jedwede Rückbesinnung auf das sogenannte Nationale Kulturerbe wurden gebrandmarkt als Verfehlungen, die einer sozialistischen Gesellschaft in einem Arbeiter- und Bauernstaat nicht würdig seien. Man forderte für Berlin die Wiederbelebung des Klassizismus, für Dresden die Rückbesinnung auf den Barock und für Rostock eine Renaissance der Backsteingotik. Dazu waren die Dresdner Professoren nicht bereit.

Georg Münter wurde nach Dresden berufen, gründete den ersten kommunistischen Lehrstuhl für das Fach »Theorie der Architektur« und umgab sich mit einer Schar unbegabter, aber politisch »zuverlässiger« Assistenten, die sich anschickten, die Dresdener Architekturabteilung als Institution einer bürgerlichen Elite in eine sozialistische, der Partei treu ergebene Bildungseinrichtung umzuwandeln.

Die schönen, unvergesslichen Nachkriegsjahre geistiger und künstlerischer Freiheit wurden allmählich überschattet von Bevormundung und Einschränkung der freien Entfaltungsmöglichkeiten – Unbehagen und teilweise auch Angst verbreitete sich zunehmend. Hans Hartl hatte als erster schon 1951 Dresden verlassen und in München eine neue Wirkungsstätte gefunden, Karl Wilhelm Ochs nahm 1953 einen Ruf nach Berlin-Charlottenburg auf den Lehrstuhl von Heinrich Tessenow an, Walter Henn folgte kurz darauf einer Berufung nach Braunschweig, Heinz Röcke verließ die Hochschule 1956, und Wolfgang Rauda, in dessen Lehrstuhl ich als Assistent tätig war, kehrte 1957 von einer Studienreise nicht mehr zurück.

Die Verbindung mit Karl Wilhelm Ochs riss trotz der räumlichen Trennung und später auch nach dem Bau der Mauer niemals ab. Er bezog in Berlin-Wannsee eine traumhaft schöne Wohnung, in der ich häufig zu Gast sein durfte. Als ich das erste Mal diese Wohnung betrat, war ich fasziniert von zahlreichen Überraschungen. Im Wohnraum standen ein großer Steinway-Flügel und gläserne Schränke mit allerlei Wesen aus Wurzeln, Holz und Stein, im Arbeitszimmer fanden sich ein riesiger Zeichentisch und ein prächtiger Barockschrank, im anschließenden Raum aber befand sich der Höhepunkt des ganzen Interieurs: eine Hausorgel, bestehend aus einem Spieltisch und einem monumentalen Schrank, in dem die Orgelpfeifen eingebaut waren. Dies war fortan der Ort, wo ich mit ihm und seiner Frau Helga unvergessliche Stunden mit Orgelmusik von Bach verbringen durfte. Das Besondere dieser schönen Orgel war das sogenannte »Schwindelmanual«. Man konnte es an der Rückseite des Spieltischs herausziehen und elektrisch mit dem Pedal koppeln, so dass es möglich war, zu zweit auch schwierige Orgelwerke ohne Fußarbeit zu spielen. Einer übernahm die Manualstimmen, der andere die Pedalstimmen – alles geschah mit den Händen. Auf diese Weise bewältigten wir die herrlichen Präludien und Fugen, die berühmte Passacaglia, die Pastorale, Choralvorspiele und viele andere Werke. Hier in diesem Berliner Heim begriff ich den kulturellen Hintergrund des Architekten Karl Wilhelm Ochs. Architektur und Musik – das waren die tragenden Pfeiler seines künstlerischen Wirkens. Insofern verspürte ich zu ihm eine echte Wesensverwandtschaft, die mich sehr bereicherte. Wie viele Stunden haben wir verbracht mit Gesprächen über Musik und Architektur,

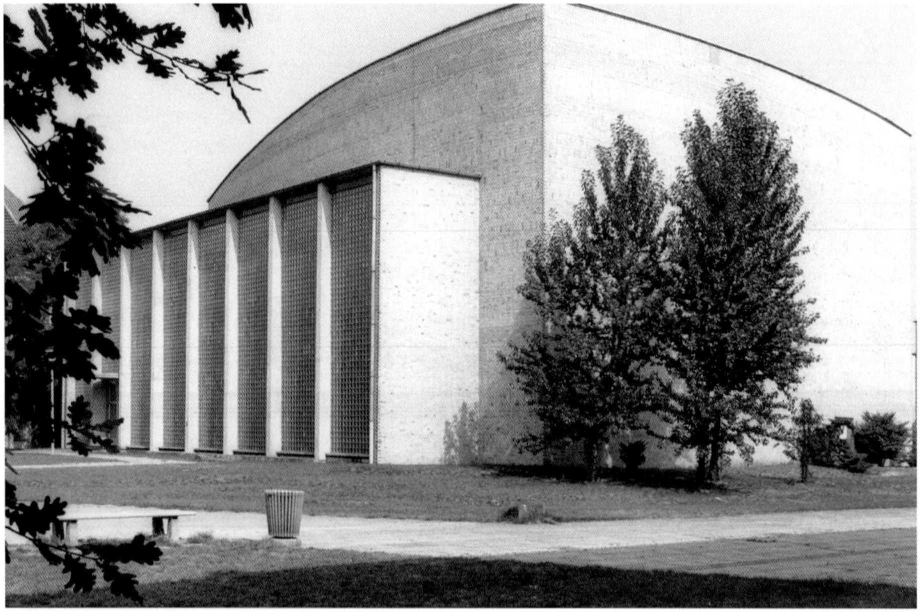

Elektrotechnisches Institut der TU Berlin

aber auch über Philosophie und Politik, wie viele Stunden haben wir gemeinsam musiziert, wie oft haben wir uns begeistert an seiner herrlichen Sammlung von Wurzeltieren und Gebilden aus Steinen, die er mit ganz wenigen Hinzufügungen in Kunstwerke verwandelte, nachdem er sie an Meeresstränden aufgesammelt hatte. Seinen Diplomanden schenkte er zum Abschied immer ein solches kleines Kunstwerk der Natur.

Ochs hat sich stets beschränkt auf das von ihm selbst Machbare. Anders als viele seiner Kollegen wollte er all seine Planungen bis zum letztem Detail mit seiner persönlichen Handschrift durchdringen. Alles Merkantile in unserem Beruf war ihm ein Gräuel, alle architektonischen Ausdrucksformen, die sich der Mode der Zeit unterwarfen, verabscheute er. Legte ein Student einen Entwurf vor, der Anzeichen des schönen Scheins trug, fragte er: »Muss das sein?« Sein ernsthaftes Mühen um Wahrhaftigkeit in der Bewältigung architektonischer Formen war für viele seiner Schüler Richtschnur ihres weiteren beruflichen Weges. Sein künstlerisches Schaffen und sein Wirken als Hochschullehrer waren geprägt von hohem Anspruch an die Ethik und Moral unseres Berufes. Wie oft war er verzweifelt über Entgleisungen im weiten Feld des Planens und Bauens in Deutschland, besonders in Berlin.

Dennoch war diese Ernsthaftigkeit seines Tuns immer wieder gewürzt mit einem liebenswerten Humor, mit einem oft beglückenden Schuss von Ironie und mit einem belebendem Witz. Wie oft haben wir auch zusammen herzhaft gelacht. Ich entsinne mich, wie er einmal im feinen Restaurant des Nobelhotels Kempinski am Kurfürstendamm die Bestellung beim Ober im ausgeprägtesten Sächsisch aufgab und welche Irritation er damit bei den Gästen und beim Personal auslöste. Wir haben uns köstlich amüsiert.

Die Aufrichtigkeit und Ernsthaftigkeit seines Wesens atmen alle seine Bauten. Da seien exemplarisch genannt seine Kirchen und Gemeindezentren in Herford, Bad Oeynhausen und Gütersloh, sein Musensaal im Mannheimer Rosengarten, seine Institutsgebäude in Dresden und in Berlin, das Gemeindehaus in Berlin-Britz, die Umbauten im Johannesstift Berlin-Spandau. Man erkennt sie schon von weitem als seine Werke, ganz unverwechselbar – und vielleicht auch unnachahmbar.

Anmerkungen

1 Leopold Wiel in einem Brief an Manfred Zumpe am 11. September 2000. | **2** Siehe Technische Universität Dresden, Fakultät Architektur (Hg.): universitas dresdensis. Verleihung der Ehrendoktorwürde an Herrn Prof. em. Dr.-Ing. Dr. techn. h. c. Walter Henn durch den Senat und die Fakultät Architektur der Technischen Universität Dresden am 2. November 1995, Dresden 1995.

HELGA OCHS

Vom »Schwindelpedal« und anderem

Im Familien- und Freundeskreis wurde viel diskutiert – und viel gelacht. Diskutiert wurde natürlich über Architektur und Kunst, Musik und die Welt. KWO – so wurde er genannt – war ein sehr guter Vorleser. Es waren ernste, aber vor allen Dingen heitere, humorvolle Geschichten, die er las und die allen Zuhörern großen Spaß machten. Als musikalischem Menschen fiel es ihm auch leicht, sich in verschiedene Dialekte hineinzuversetzen. Er liebte das Sächsische und beherrschte es perfekt. Von den Studenten wurde er deshalb zum »Ehrensachsen« ernannt.

In seiner Familie hatte die Musik schon immer eine große Rolle gespielt. Bruder und Onkel waren professionelle Musiker geworden. In seiner Jugend hatte er Cello und Flöte gespielt. Aber eine Notenleseschwäche hinderte ihn daran, vom Blatt zu spielen. So spielte er am Flügel meist auswendig oder er improvisierte. Später ließ er sich eine kleine Hausorgel bauen mit echten Pfeifen, einem Spieltisch mit Pedal, zwei Manualen und elf Registern. Der Spieltisch hatte eine kleine Besonderheit: Auf der Rückseite war eine Klappe eingebaut, aus der man eine kleine Tastatur herausziehen und auf der man die Pedalstimme manualiter spielen konnte. Es wurde das »Schwindel-Pedal« genannt. Auf diese Weise war es auch möglich, größere Orgelwerke Johann Sebastian Bachs aufzuteilen und zu zweit zu spielen. Dabei saß KWO natürlich am »Schwindelpedal«. Auf den Manualen »oben« spielten oft auch Freunde. Eine besondere Qualität hatte das, wenn Manfred Zumpe kam. Er spielte hervorragend und das gemeinsame Musizieren von Bachs Werken wollte kein Ende nehmen.

Als Karl Wilhelm Ochs vom Leiter des Landesdenkmalamtes in Dresden, Hans Nadler, um Vorschläge zur Restaurierung der Leipziger Thomaskirche gebeten wurde, freute er sich sehr. Dort stand in der Sakristei – provisorisch untergebracht – der Sarkophag Johann Sebastian Bachs. Er war aus den Trümmern der im Krieg völlig zerstörten Leipziger Johanneskirche geborgen worden. Nun stellte sich die Frage, wo er untergebracht werden sollte. KWO sagte: »Bach gehört in die Thomaskirche!« Trotz mancher Widerstände wurde im Kirchenschiff über dem Sarkophag ein Sockel mit einer Bronzeplatte mit Bachs Namen in die Mitte der drei Stufen, die zum Altarraum führen, gesetzt. Der Kirchenbesucher konnte unmittelbar an diese Bronzeplatte herantreten. In späteren Jahren wurde die Platte in den Altarraum verlegt, den der Besucher nun leider nicht mehr betreten darf.

Siegfried Ochs
Onkel von Karl Wilhelm Ochs, gründete den Philharmonischen Chor Berlin

◄ Phantasiegestalt
Holz

Vogel ►
bearbeiteter Wurzelfund

Phantasiegestalt ►
Holz und Stein

Thomaskirche Leipzig
Bachgruft

Auf der Rückfahrt aus dem Urlaub am italienischen Meer, aus Dänemark oder vom Walchensee war der Kofferraum des Autos voller Holz. Es waren größere und kleinere Stücke von Wurzeln jeder Art. Wegen ihrer oft eigenartigen Formen wurden sie am Strand gesammelt oder mit Gummistiefeln aus dem Schlamm des Walchensees geborgen. Es waren Phantasiegestalten oder Vögel und Fische. Zu Hause angekommen, landeten sie mit »Persil« in der Badewanne, wo sie von Schmutz und lose anhaftenden Teilen gereinigt wurden, bis allein das harte Holz übrigblieb. Meist abends zur Entspannung wurden sie dann »bearbeitet«, aber nicht geschnitzt. Er setzte sie entweder aufeinander oder auf kleine Sockel, um sie zur Geltung zu bringen. Schließlich wurden sie manchmal aus Platzmangel in Schränke gestellt oder – noch immer zur Freude von Gästen – mit Nylonfäden verbunden als Mobiles an die Decke gehängt.

Es war eine unglaublich interessante und ausgefüllte Zeit mit einem lieben, ungewöhnlichen Menschen.

APOTHEKE
SCHELLENBERG
COHN

HANS PETER KORTH

Streiflichter zu Karl Wilhelm Ochs

Das Sammeln, Sichten, Dokumentieren eines abgeschlossen vor uns liegenden Lebenswerkes hat wohl am ehesten seinen Sinn in sich selbst, so eine Art Aufheben des Saatgutes, zumal wenn es sich um ein Werk wie das von Karl Wilhelm Ochs handelt, gegründet auf Sinnfälligkeit, noble Erscheinungsform und vornehme Proportionalität, erwachsen aus der Welt des Gefühls und der Intuition. Das wird heute, wo die Steine nicht mehr reden, einem Publikum so fremd sein wie die Sphäre des Künstlerischen überhaupt, und man würde da ja gern die Architekten ausnehmen.

Ochs mahnte oft: »Nicht so viel hier; mehr hier!« und er tippte auf die Stirn und dann aufs Herz. Gefühl ist alles, das fand ja auch sein Landsmann Johann Wolfgang von Goethe.

Ältere Architekturen wie etwa die von Karl Wilhelm Ochs muss man nicht rational zu fassen suchen, sondern »als das Ewig-Fremde willkommen heißen«.

Eleganz. Das Kaufhaus Cohn

Das erste von Ochs, was ich überhaupt gesehen habe, war das Kaufhaus Cohn, das mir förmlich entgegensprang, als ich als Schüler in den nachgelassenen Zeitschriften meines Vaters blätterte. Die waren da auch schon 20 Jahre alt. Eine noble Großstadtfassade von exquisiten Proportionen. Ich habe das Heft heute noch, »Die Baugilde«, Jahrgang 13 (1931), Heft 7.

Im gleichen Heft ist auch das Schuhhaus Jacobi, ebenfalls in Frankfurt, von Hermann Zweigenthal, brillant in seinem großstädtischen Chic mit den atemberaubenden Spiegeln und den endlosen Reihen der eleganten Stühle mit den Lederriemen. Zwei davon sah ich später in der Ochs'schen Wohnung leiblich, sie waren immer noch so schön.

Beim Haus Cohn, das untergegangen ist, sind wir ganz auf die Publikationen angewiesen. Sie vermitteln uns in vornehmem Schwarz-weiß die hohe Eleganz des Baues in seiner unaufgeregten Modernität, die dennoch nicht (und das ist Ochs!) der Tagesmode dienstbar ist.[1] Die Nachtaufnahme, en face fotografiert, ist das Zelebrieren der Proportion, Wand und erleuchtete Öffnung mit der schönen Sprossenteilung. Bei Tage, in sanftem Gegenlicht, ahnen wir etwas vom subtilen Reliefleben dieser Fassadenkunst. Die Fenster sind keinesfalls bündig, wie man auf den ersten Blick denkt, nein, es »ist das spiegelnde Glas in die vordere Ebene des Reliefs gerückt, die Fenster sitzen vor den Mauerflächen.«[2]

Kaufhaus D. Cohn Jr.
an der Frankfurter Zeil nach
dem Umbau 1927/28

Nachtaufnahme
Kaufhaus Cohn Jr.

Wir müssen uns mit der Lupe über das Foto beugen: Die Mauerebene erscheint vertieft in den Fensterpfeilern und wird an den Seiten der Fassade am ganzen Mittelblock herunterlaufend freigegeben. Nehmen wir die Fenster bei Nacht als Öffnung wahr und die Fassade als Wand, so ist die Glasfläche bei Tage eine sensible Membran zwischen innen und außen und entfaltet mit ihren zarten Tiefenabstufungen ein vibrierendes Spiel der Flächen.

Ein eleganter Geschäftsbau wie dieser nimmt im Ochs'schen Œuvre eine Sonderstellung ein und muss durch seine moderne Noblesse als eine Inkunabel für großstädtischen Chic gelten (kein Ochs-Wort übrigens).

Wer die Berliner Lehrstuhlräume betrat, fand sich als erstes in einem langen Durchgang, wo beidseitig, einheitlich gerahmt, Ochs-Bauten als Großfotos hingen, genannt die Ahnengalerie. Als ich hier das erste Mal eintrat, sah ich mir alles an, was ich größtenteils nicht kannte und wunderte mich über das Fehlen des Kaufhauses Cohn, mit dessen Bild im Inneren ich doch hierhergekommen war. Warum es fehlte, ist mir bis heute nicht klar. Entweder gab es kein vernünftiges Foto, der Bau war ja zerstört und man hätte nach den Publikationen reproduzieren müssen. Oder Ochs, jetzt ganz »Italiener«, gefielen die querformatigen

Fenster von 1927/28 nicht mehr. Oder in seinem innengeleiteten Fühlen war ihm das Werk mit seinen Metallfenstern und Muschelkalk zu mondän? Zu elegant? Es sind Fragen, die offen bleiben. Umso mehr Anlass, finde ich, dieses brillanten Werks zu gedenken.

Stille, Harmonie: Das Haus Krämer

Wenn der Name Karl Wilhelm Ochs fällt, dann steht wohl seine Person vor uns oder diese oder jene seiner wichtigen oder prägenden architektonischen Arbeiten, die den Namen KWO sozusagen mit Bau füllen. Für mich ist das ohne Zögern das Haus Krämer in Hanau von 1928, und zwar die »italienische« Version der Fotos mit der kleinen Brücke und den geschlossenen Fensterläden, eine »Villa, die mit geschlossenen Läden im Sommerglanze ruht.«[3]

Eine stille Mauerfläche, Fenster und Fenstertüren scheinbar zufällig mit leichter Hand angeordnet, die im Foto ausgeblendete linke Seite zeigt, wie der Architekt um der malerischen Stimmung willen das Rationale des Entwurfsvorgangs, die in der Anlage doch vorhandene Grundsymmetrie, aus dem Blickfeld schiebt. Der Grundriss »zeigt die übliche Wohnform«.[4] Der Architekt selbst würde wohl sagen: »Nichts B'sonderes!«, und das wäre hohes Lob. Der Grundriss führt zwanglos zu einer dreiachsigen Fassade: oben drei Öffnungen symmetrisch, unten ein Fenster, zwei Fenstertüren, eine Fenstertür. Manch anderer gute Architekt wäre jetzt zufrieden. Aber Ochs wirft jetzt die Karten etwas durcheinander. Nicht »mit leichter Hand«, sondern wohlüberlegt, ja mit Raffinesse – der Ausdruck hätte ihm missfallen – rückt er sein linkes Erdgeschossfenster aus der Achse heraus, seine rechte Fenstertür kaum merklich nach links (O-Ton KWO im Lehrbetrieb: »Wenn man's merkt, ist's schon zu viel.«). Dem Lockruf einer symmetrischen Dreiergruppe der Fenstertüren folgt er selbstverständlich nicht; sie sind als 2+1 gruppiert und werden von der sich von rechts heranschiebenden Terrasse sinnfällig zusammenfasst. Durch unmerkliche Aberrationen der ursprünglichen Achsen schafft er also eine scheinbare Zufälligkeit, eine künstliche Naivität, die hier »im Sommerglanze ruht«.

Es lohnt sich zu sehen, wie Schmitthenner (dessen Dunstkreis das Haus Krämer ja zuzuordnen ist) ein ganz ähnliches Problem zu lösen hatte, selbst seine Terrasse schiebt sich ganz ähnlich von rechts heran, und er betextet die Zeichnung: »Beachte die symmetrische ›Asymmetrie‹ der Aufrisse, die ohne Absichtlichkeit sich aus der Ordnung ergibt«.[5] Lassen Sie mich hier einfügen, dass Schmitthenners Bauten bewundernswürdig sind.

Ochs' Fassade übertrifft die Schmitthennersche aber bei weitem, sie wirkt weniger »gezeichnet« und hat überhaupt nicht den leicht lehrhaften Unterton. Die Natürlichkeit, die Grazie des Naiv-Raffinierten erheben das Haus Krämer zum »Bild«, non creato, ma veramente nato. Mehr noch: Indem der Architekt den harten Strich (bildlich gesprochen) mit dem weichen Wischer überarbeitet, verwischt er die Spuren des Rationalen und schenkt dem Werk das, was das Kunstwerk ausmacht: Rätsel und Geheimnis; er versetzt den Bau in den verschlossenen Bezirk der Kunst. Man erreicht ihn – eigentlich selbstverständlich – nur über eine Brücke. Muss ich noch sagen, dass deren Form »italienisch« ist?

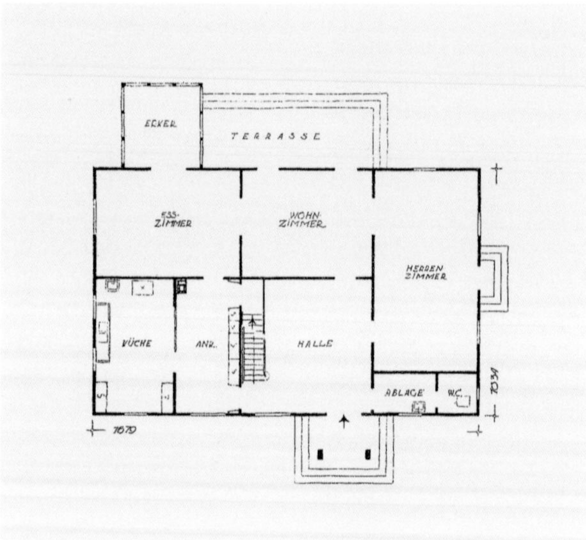

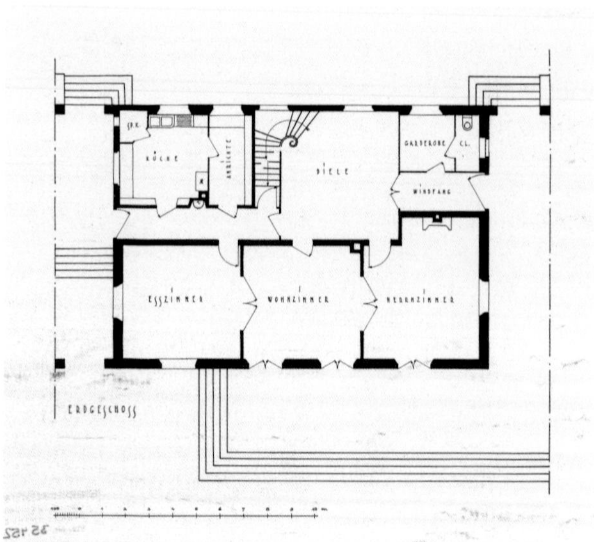

Paul Schmitthenner,
Wohnhaus Kruse
in Stuttgart-Vaihingen
Ansicht von der Parkseite, 1930

Paul Schmitthenner,
Erdgeschossgrundriss
des Wohnhauses Kruse
1930

Karl Wilhelm Ochs,
Haus Krämer in Hanau.
Ansicht von der Brücke,
1930

Haus Krämer in Hanau
Grundriss Erdgeschoss

Freihandskizze
von Karl Wilhelm Ochs

Metamorphosen

Natürlich bezeugen auch andere Bauten die Spuren der Stuttgarter Schule, wir lassen unsystematisch den Blick schweifen: wer denkt bei dem langen Beamtenwohnhaus in Hanau mit seiner Walmdachform nicht an Schmitthenners Haus Schickele in Badenweiler? Schmitthenner hatte es wieder von seinem Lehrer Theodor Fischer.[6] Der Ochs'sche Bau ist aber zweigeschossig[7] und das große Dach bringt Charakter in die möglicherweise banale Aufgabe. Der Architekt brauchte charaktervolle Gliederungen und erfand massive Zwerchhäuser mit seitlichen, gekurvten Anläufen, die er später noch zweimal variierte.

Den Winkel zwischen Zwerchhauskante und den niederen Bauteilen befriedigend zu füllen, haben sich die Renaissancemeister furchtbar abgeplagt, ohne doch glücklich damit zu werden. Selbst Palladios Seitenflügel der Ville in Masèr sind nicht sein Bestes.

Ochs' Problem war dies nicht, er verlieh seinen massiven Zwerchhäusern nur einen etwas trägen Charme, die Schmitthenners waren ihm zu asketisch und die in Fachwerk waren nun gar nichts für ihn, dazu war er zu sehr »Italiener«.

Eine zweite Variation ist der Mittelgiebel des Hauses in Frankfurt 1925/26, wo sich das Zwerchhaus mit seinen Kurvungen erdverhaftet-schaumgeboren aus dem Kubus erhebt, mit etwas schwerflüssiger Grazie, in dem eine Mischung verschiedenster Assoziationen ganz von fern wetterleuchtet: Süddeutschland, Schultze-Naumburg, Jugendstil, Alt-Frankfurt oder Paul Mebes' »um 1800«, dessen Einfluss auf das damalige Geschehen man nicht unterschätzen darf. Sein Erscheinen 1908 ist natürlich für Ochs zu früh, daher ist es die 2. Auflage, die in seiner Bibliothek steht, zweites Regal, Mitte links.

Beamtenwohnhaus in Hanau, 1923

Mit nun dreiachsigem Dachgeschossaufbau – die gekurvten Anläufe jetzt kürzer und glücklicher – thront das »Haus Schnetzler« in Heidelberg (1926) massiv und beschwingt, sozusagen mit hochgezogenen Schultern auf günstiger Anhöhe. Der Baukörper fasst sich blockhaft in einen Klump[8] zusammen, wie es Steen Eiler Rasmussen nennt. Die wohl glücklichste der Kurvenvarianten, imponierend für den Blick von unten, als Architektur stimmig und von behäbiger Grazie. Wir sehen das Haus später noch einmal auf der Zeichnung für einen Bebauungsvorschlag von 1936 als Bekrönung eines Ensembles über dem Hügel aufragen.

Beim Landhaus am Tegernsee ein neuer Ton: in freier Landschaft, auf einsamer Hügelkuppe ist es, als fielen alle Stuttgarter Benimm-Regeln ab, der urbane Segmentbogen wäre ohnehin deplaciert (inzwischen ist es ja auch 1928), der Architekt nimmt die Gegebenheiten der Lage wahr: wo die »Fensterecke des Wohnzimmers den Blick auf See und Berge öffnet«[9] bestimmt ein großes Eckfenster das Leben dieser Architektur, gestärkt von der Eckgaube des naturgrauen Schindeldaches. Die Asymmetrie wird vom Architekten voll ausgekostet: auch das Dach hat verschiedene Neigungen bekommen und es ereignet sich, dass durch die Magie des Schöpferischen sich nun erst das Irreguläre zum Harmonisch-Selbstverständlichen fügt.

Bebauungsvorschlag für eine Wohnsiedlung in Heidelberg, 1936

Wohnhaus in Frankfurt am Main, 1925/26

Landhaus Bad Wiessee,
1928

Landhaus Bad Wiessee,
Wohnzimmer mit Eckfenster

Ein triftiges, auf den Fotos nur mit Lupe auszumachendes Detail: Das flachere Dach des Eingangsflügels setzt 50 cm tiefer als der First des Haupthauses an und überhöht – einen eleganten kleinen Schopf bildend – auf geistreiche Weise das frische und kecke Werk, das für »Heimatstil« nur ein Lächeln hat.

Industrie und Arkadien

So viel wäre noch zu seinem Werk zu sagen, zu willkürlich ist die Auswahl, aber Vollständigkeit war nicht die Absicht. Daher einige Nachträge:

Das umfängliche Schaffen von Ochs im Industriebau war für ihn ein Segen. Sein architektonisches Denken ging durch eine strengere Läuterung. Der Architekt schreibt selbst: »... führt der Weg im Industriebau [...] immer mehr von der ›geschmückten‹ Architektur fort zu knappster, durch zweckmäßige Konstruktion bedingter Erscheinungsform. Dem Wunsch nach Repräsentation des Industriebaus genügt, wenn er in sich gute Verhältnisse hat, zumeist die Größe.«[10]

Im Verwaltungsgebäude in Großauheim erscheint ein Stück Tegernsee: großzügiges Eckfenster, dem sich Ochs aber sonst nicht wieder in die modischen Arme werfen wird.

Und nun seine vielleicht beste Arbeit – jedenfalls für mich –, in der Funktion ohne Kunst Gestalt wird: Kesselhaus, Bunker und Fabrikhalle in Großauheim.[11] Ich glaube, der Turm mit dem Ausleger für die Laufkatze lässt wohl niemanden kalt und ich bin bereit, den halben Mendelsohn dafür zu geben, dessen dynamischen Motive hiergegen wie Modeflitter wirken (Pardon, Erich!).

Übrigens finde ich, auch der Fotograf muss zum Applaus an die Rampe, der geduldig gewartet hat, bis sich die Rauchfahnen richtig gekringelt haben.

Aus Ochs' späterer Zeit: wenige Gedenkzeilen für das anmutige Bogenmotiv, das er am Krankenhaus Bethanien zwischen die beiden Türme einfügte. Aber die Italianità hat keine Heimat im märkischen Sand, eine pedantische Denkmalpflege riss die romantische Komposition ab und stellte die steifleinene Originalfassade wieder her. Der Bogen, Verkörperung der italienischen Renaissance, war eine der in Karl Wilhelm Ochs immer lebendigen Urformen[12] wie Bühne, der Vorhang und immer die Musik.

Wir hatten im Seminar das Radio an und er guckte durch die Tür – das ergriffene Gesicht vergesse ich nicht – und fragte: »Ist das Mozart?«. Was kriegte er von seiner fühllosen Jugend zu hören? »Direkt aus dem Köchel-Verzeichnis!«

Ganz und gar Musik: Das Bühnenportal von Chemnitz, wo in dem magischen Bereich des Proszeniums die Portalseiten sich geheimnisvoll zu öffnen scheinen und der Architekt, in dem selbst ein komödiantisches Element lebte, sich in musikalischer Formgebung mozartisch richtig aussingen konnte (gut, dass es den Industriebau als Korrektiv gab).

Ansicht von Kesselhaus und Fabrikhalle

Nochmals Bethanien: Eine nicht so große Arbeit, aber voll verborgener Symbolkraft, der ganze Ochs ist darin. Indem er den großen Bogen oben zwischen die Türme spannt, hebt er eine weitere seiner teuersten Urformen wie eine Monstranz empor, zwecklos, nur Kunst. Und es ist auch symbolisch, dass der Bogen wieder verschwunden ist.

Zu wem soll ein Werk wie das von Karl Wilhelm Ochs eigentlich heute sprechen, gegründet auf Sinnfälligkeit, Noblesse und vornehme Proportionalität, erwachsen völlig aus der Welt des Gefühlten, wo das Publikum – auch Architekten – dafür nur ein Achselzucken hat?

Zwischen den Türmen von Bethanien ist es leer, nur noch ein arkadischer Abendhimmel wie ein Bild von Claude Lorrain. Der Text ist auf dem besten Weg zur Großen Oper, aber für Karl Wilhelm Ochs musste das sein. Der Text, auch er muss Fragment bleiben. Wir lassen den Vorhang fallen: Applaus für KWO!

BBC-Werk. Großauheim, Eckdetail des Verwaltungsgebäudes Großauheim

Anmerkungen

1 Die besten Fotos in: Hegemann, Werner: Reihenhaus-Fassaden, Berlin, 1929, S. 254, Abb. 497 und 498. | **2** Ochs, Karl Wilhelm: Umbau eines Geschäftshauses in Frankfurt am Main, in: *Wasmuths Monatshefte für Baukunst & Städtebau*, 13. Jg. (1929) Heft 6, S. 242. | **3** Berthold, Gertrude (Hrsg.): *Schriften Theodor Hetzers. Band 6: Italienische Architektur*, Stuttgart 1990, S. 373. | **4** N. N.: *Landhäuser von Karl Wilhelm Ochs. Frankfurt am Main*; in: *Wasmuths Monatshefte für Baukunst & Städtebau*, 14. Jg. (1930) Heft 4, S. 178. | **5** Schmitthenner, Paul: *Baugestaltung*, Stuttgart 1940, 2. Auflage, S. 97. | **6** Siehe Theodor Fischers eigenes Wohnhaus; in: Pfister, Rudolf: *Theodor Fischer. Leben und Wirken eines deutschen Baumeisters*, München 1968, S. 11. | **7** Siehe Fischers Entwurf Bauhandwerkersiedlung Neu-Westend in München 1910/11; in: a. a. O., S. 35. | **8** Rasmussen, Steen Eiler: *Nordische Baukunst*, Berlin 1940, S. 51. | **9** N. N.: *Landhäuser von Karl Wilhelm Ochs. Frankfurt am Main*, in: *Wasmuths Monatshefte für Baukunst & Städtebau*, 14. Jg. (1930) Heft 4, S. 178. | **10** Ochs, Karl Wilhelm: *Fabrikbauten*, in: *Wasmuths Monatshefte für Baukunst & Städtebau*, 14. Jg. (1930) Heft 6, S. 255. | **11** A. a. O., S. 250 und als Titelbild des Juniheftes noch dramatischer. | **12** Er besaß ein großes Foto auf Passepartout von S. Vigilio von Sanmicheli, die Wasserseite mit den großen Bögen, die er liebte.

Meisterhaft einfach.

Erinnerungen an den Hochschullehrer und Architekten Karl Wilhelm Ochs

Meine erste Begegnung mit Karl Wilhelm Ochs fand an der TH Dresden im Wintersemester 1946/47 statt. Ich gehörte zu den etwa 30 Studenten, die im ersten Jahrgang der gerade erst wiedereröffneten Hochschule zum Architekturstudium zugelassen worden waren. Es war ein ungemein schwieriger Neubeginn, denn uns fehlten die Studenten der vorangegangenen Semester, an denen man sich orientieren konnte. Aber es mangelte auch an Büchern, Zeichenmaterial usw., von dem Problem der Suche nach einer Unterkunft in der so sehr zerstörten Stadt ganz zu schweigen. In dieser Situation lernten wir den aus dem Westen Deutschlands kommenden Karl Wilhelm Ochs (kurz KWO) kennen und sehr bald schätzen. Seine humane Denk- und Handlungsweise sollte großen Einfluss auf unsere Studienzeit, ja auf unseren weiteren Lebensweg haben. Mit seinen bitteren Erfahrungen aus der NS-Ära konnte er uns in der damaligen, politisch so bedrohlichen Zeit Stütze und Hilfe sein und so Sinn und Orientierung geben. Aber nicht nur darin erfuhren wir Annahme und Zuwendung. Er nahm sich auch derer an, die aus persönlichen Gründen des Rats und Zuspruchs bedurften. In den von ihm initiierten Teestunden fanden Lesungen statt, stets aus dem heiteren Genre, wie Stücke von Kurt Götz oder auch von anderen Literaten. Das galt ebenso für die Vorführungen mit dem von ihm entwickelten und gestalteten Schattentheater. Das alles bescherte uns vergnügliche Stunden in der so tristen Nachkriegszeit. So erwuchs ein bemerkenswertes Gemeinschaftsgefühl, wofür wir sehr dankbar waren, besonders darüber, eben seine Schüler zu sein.

Karl Wilhelm Ochs bei einer Entwurfskorrektur an der TU Berlin 1959

Anschaulich und nachwirkend gestaltete er seine im Rahmen der Werklehre angesetzten Exkursionen, bei denen Bauwerke bezüglich ihrer Qualität der Gestaltung sowie der Ausführung ihrer Details besprochen wurden, was sehr hilfreich in Erinnerung blieb. In seinen Vorlesungen über Gebäudelehre zeigte er mit Dias aus eigener Sammlung Beispiele guter Architektur aus dem skandinavischen Raum, aber auch aus Oberitalien und der Schweiz. In besonderer Weise führte KWO seine Korrekturen bei den Studentenentwürfen durch. Er begleitete den Vortragenden reflektierend, so dass dieser selbst zu einer verbessernden

Wannsee
Scherenschnitt für das Schattentheater

Änderung kam. Das kräftigte das Selbstwertgefühl und förderte die Lust am Entwerfen. Nie hat er einen Entwurf verrissen! Allerdings konnte man manchmal hören: »Muss das sein?«, einen von ihm gern benutzten Ausspruch. Das alles ließ Nähe und Vertrautheit aufkommen, wodurch sich eine enge, fast familiäre Beziehung bilden konnte, die dieses Semester jahrzehntelang zusammenhielt, was in über 40 Treffen Ausdruck fand.

Dem glücklichen Umstand, dass KWO mir die vakante Assistentenstelle an seinem Lehrstuhl ab Januar 1959 anbot, verdanke ich, dadurch für etwa 3 Monate in seinem Büro als planender Architekt tätig sein zu können. So gewann ich einen Einblick, wie er seine Entwürfe in proportionalen Bezügen zu den Baukörpern, den Außenanlagen und den Fassaden gestaltete. Dies ist sehr eindrucksvoll in der Herforder Kirche zu sehen, die in ihrer edlen Schlichtheit diese Bezüge anschaulich aufweist. Die Bearbeitung von Details wurde sehr sorgfältig vorgenommen, oft unter Anwendung großmaßstäblicher Zeichnungen bzw. Modelle. Besonderen Wert legte er auf die Nachhaltigkeit seiner Bauten, was sich in der Wahl des verwendeten Materials zeigte. Seine Bauten sind Meisterwerke der Einfachheit, frei von modischen Strömungen, aber auf seine Weise in proportionalen Bezügen zeitlos gestaltet.

Er war ein außergewöhnlich gebildeter, vielseitig musisch begabter und in seinem Denken und Handeln dem Humanen verpflichteter Mensch. Seine große Begabung als vermittelnder Lehrer und Förderer seiner Studenten habe ich am intensivsten in Dresden erfahren. Dort trafen noch vom Krieg und der NS-Zeit gezeichnete, desorientierte Studierende auf den humanistisch geprägten Karl Wilhelm Ochs, was sich in den nachfolgenden Jahren, wie ich schon erwähnte, so segensreich, so nachwirkend erwies. Ich erinnere mich gern an seinen 90. Geburtstag. Sein altes 1. Semester dankte ihm durch das Erscheinen in seinem Haus am Wannsee, um ihn im Defilee mit je einer Rose in der Hand zu ehren. Karl Wilhelm Ochs, tief berührt, dankte und bot seinen erfahrenen Schülern das »Du« an.

Erhalten ist mir ein Rundbrief an seine »älteren und jüngeren Freunde«, den er anlässlich seines 75. Geburtstags schrieb. Darin dankte er für die Glückwünsche und für die ihm erwiesene Zuneigung und Annahme seines Wirkens. Er ist so anrührend verfasst, vermittelt so authentisch seine Bescheidenheit und gibt Einblick in sein Denken und Fühlen. Der Architekt KWO war nicht nur in seinem reichen, immer sich selbst treu bleibendem Schaffen ein Großer. Er war auch ein von uns verehrter, begnadeter Lehrer und Förderer, und er war vor allem Mensch.

Meine lieben älteren und jüngeren Freunde, daß Ihr in so grosser Zahl von nah und fern zu meinem imaginären 75. gekommen seid, mich mit Wünschen, Briefen, Blumen und Geschenken so reich beladet hat, das alles hat als etwas ganz Besonderes, wahrhaftig – nicht nur im Reklamestil – Einmaliges mich seit dieser fast dreitägigen Bauernhochzeit tief beglückt und beschämt. Die wenigen Dankesworte konnten das sicher nicht so eindringlich sagen, wie sie hätten aus mir kommen wollen; darum möchte ich es noch einmal versuchen und ergänzen, denn die Fülle der Gaben, zumal auch die inzwischen übervolle Kassette mit den Schrift- und Bildniederschlägen aus beruflichem und familiärem Wirken konnte ich erst langsam sichten und mich an allem was sie bedeuten freuen. Aber besser, als es mir vor sieben Jahren, nach dem grossen Treffen in der TU möglich war, wird es heut auch nicht gelingen. Und ich kann leider nicht, so gern ich es wollte, wie einst den Absolventen einzeln für jeden etwas Persönliches suchen und finden (wie lang wäre dann nicht von mir zu hören!); So bitte ich, wieder mit einem Rundbrief vorlieb zu nehmen, der im Grund allen nur das gleiche wie damals sagen will, denn auf dem seitherigen Weg zu den verschiedenen, wandelbaren und zuletzt unergründlichen Zielen sind wir doch die gleichen geblieben, was immer ein jeder mit seinen Wünschen inzwischen erreicht haben mag. Viele davon konnten ja und werden sich wohl noch erfüllen und da ich das ebenso für Euch hoffe, freue ich mich an allem Gelingen.

Nur die überirdische Verheissung: et in terra pax hominibus bonae voluntatis erfüllt sich nicht, sie wird weiter der mala voluntas, der lebenzerstörenden, alles bedrohenden Machtgier geopfert. Und wieder wie vor dreissig Jahren, zwingt uns die Ohnmacht zum Kompromiss, von den Schätzen der Natur und der Menschen Hand, um die die Welt gebracht wird, wenigstens das Erreichbare still in uns verwahrt als Erinnerung weiter zu tragen.

– Il faut cultiver notre jardin, da drin wächst alles, was wir an den Gaben der Liebe, Freundschaft und beglücktem Bewundern der Schöpfung pflegen. Und da Ihr zu meinem Garten gehört, macht mir die Freude, weiter teilzuhaben an Eurem Leben und dem was Euch bewegt.

Nehmt zum Gedenken die Erinnerungsskizze des Wasserfalls von Biasca an der Gotthardstrecke als Sinnbild des immer Gültigen, immer Gleichen und doch immer Wechselnden. Und auch als Zeichen des Dankes für die Zuneigung und dafür, dass Ihr etwas zur Wegbereitung von mir annehmen und gebrauchen konntet. Für mich ist dies die beste Frucht der Hochschulzeit in Dresden und Berlin und lebendig bewahrte Erinnerung an die schönen Jahre. Dass sie Euch ebenso schön und als fröhlich Gemeinsames unvergessen bleibe, gehört zu all dem Guten, was in herzlicher Verbundenheit und immer wünscht Euer alter K. W. O.

Berlin 14. 3. 71.

Brief von Karl Wilhelm Ochs an seine Studenten, 14. März 1971

BAUTEN | PROJEKTE

GISELA RAAP

Bekanntschaft mit einem Unbekannten

Zu Beginn unseres Architekturstudiums an der TH Dresden im Jahre 1955 waren wir sehr gespannt auf die Professoren, unter deren Leitung wir uns unseren Wunschberuf aneignen sollten. Es dauerte nicht sehr lange, bis uns die Studenten höherer Semester von Hochschullehrern berichteten, die vor einigen Jahren die Hochschule in Richtung Bundesrepublik verlassen und Berufungen an Hochschulen wie Hannover, Berlin oder anderen Orten gefolgt waren. Die Namen der Professoren Ochs und Henn strahlten noch Jahre später aus den Erzählungen der älteren Studenten; es müssen beeindruckende Lehrveranstaltungen gewesen sein. Für uns allerdings blieben sie bis auf ganz wenige Gastvorträge weitgehend unbekannt. Andere Namen traten für uns in den Vordergrund.

So war es tatsächlich eine besondere Aufgabe, durch die Erarbeitung des Werkverzeichnisses mit dem »unbekannten« Karl Wilhelm Ochs Bekanntschaft zu schließen. Dazu konnte das Katalogisieren und Ordnen seiner uns anvertrauten Unterlagen ganz wesentlich beitragen. Von Woche zu Woche wuchs die Sicherheit, sich in die Bauten hineinzudenken, anhand bestimmter Gestaltungsmerkmale unklare Zuordnungen zu einzelnen Projekten vornehmen zu können, so dass seine realisierten Projekte und die Ideenentwürfe (soweit sie uns zur Verfügung stehen) den vorliegenden Band ergänzen können.

Industrie-bauten

Brown, Boveri & Cie.
Werk Großauheim
1924–1929, erweitert 1933–1941

Für die Firma Brown, Boveri & Cie. arbeitete Karl Wilhelm Ochs in vielfältiger Form. Die Maschinenfabrik in Großauheim wurde 1924–1929 mit der Umgestaltung auf die Produktion von Elektroapparaten erheblich erweitert. Der Entwurf der Produktionshalle verbunden mit einem Kesselhaus zeigen die Qualität der Arbeiten von Ochs: klar strukturierte Gebäudemassen mit großer plastischer Wirksamkeit.

Brown, Boveri & Cie.
Transformatorenfabrik Mannheim-Käfertal
1925–1943

Fast zwei Jahrzehnte begleitete Ochs (ab 1933 als Werksarchitekt von BBC) den Umbau und die Erweiterungen des bestehenden Werks. Das betraf nicht nur die Produktionsanlagen, sondern auch Büro- und Verwaltungsgebäude bis hin zu den Sozialgebäuden. Das sogenannte Casinogebäude wurde entsprechend dem Trend der 1920er Jahre als vielfältig nutzbares Belegschaftshaus gestaltet.

Brown, Boveri & Cie.
Kraftwerk Guadeloupe (Frankreich)
1932

Bauen in tropischen Gebieten erfordert stets besondere konstruktive Lösungen.
Das Projekt des Kraftwerks in Guadeloupe besticht durch seine Anpassung an die bewegte Geländesituation, die variable Gestaltung der einzelnen Funktionselemente in grafisch-flächiger oder stark plastischer Form.

Brown, Boveri & Cie.
Kraftwerk Faulquemont (Frankreich)
1932/33

Beim Kraftwerksbau von Faulquemont überzeugte Ochs mit seiner konsequenten und ästhetischen Formensprache. Das Wechselspiel zwischen offenen und geschlossenen Flächen, großzügigen Glasfassaden mit strenger Geometrie und verkleideten Gebäudeteilen überzeugen hier in höchster Weise. Für die Verfasserin ist Faulquemont der schönste seiner Kraftwerksbauten durch die qualitätvolle Umsetzung der technologischen Erfordernisse in eine überzeugende bauplastische Struktur.

Brown, Boveri & Cie.
Erweiterung Maschinenfabrik Schmalz Offenbach
1935

1935 erhielt Ochs den Auftrag, die Maschinenfabrik Friedrich Schmalz in Offenbach zu erweitern und verlängerte den Altbau in der Längsachse. Durch die Übernahme der vorhandenen Dachform gelang ein harmonischer Übergang zum neuen Gebäudeteil, der sich aber gleichzeitig durch die großflächige Fensterfront über einem Backsteinsockel bewusst vom Bestandsgebäude abhebt.

Brown, Boveri & Cie.
Getarntes Kraftwerk
Ilseder Hütte
1936/37

Für das Hochofenwerk der Ilseder Hütte in Groß Ilsede baute Ochs 1937 ein Tarnkraftwerk, das bei einer Zerstörung des Hauptwerkes die Stromversorgung übernehmen sollte. Dabei wurden die verschiedenen Komponenten der Stromerzeugung auf mehrere kleinere Bauten aufgeteilt, die in ihrer äußeren Erscheinung das traditionell überlieferte Landschaftsbild aufnahmen. Während das Hauptwerk mehrfach bei Luftangriffen getroffen wurde, blieb das Tarnkraftwerk unversehrt.

Buna-Kraftwerk Hüls
1938 –1942

In den damals zur IG Farben gehörenden Chemischen Werken Hüls in Marl wurde synthetischer Kautschauk hergestellt. Dem 1939/40 errichteten Kraftwerk waren verschiedene Entwurfsvarianten vorangegangen, die im Nachlass von Ochs überliefert sind. Der letztlich realisierte Entwurf war eine langgestreckte monumentale Großform, die durch vertikale Fensterbänder gegliedert wurde.

Brown, Boveri & Cie.
Kraftwerk Lampertheim
1940

Das BBC-Werk in Lampertheim wurde während des zweiten Weltkriegs umgebaut. Dabei wurde die Werkhalle erweitert und modernisiert.

Brown, Boveri & Cie.
Bürogebäude Ladenburg
1949

Nach dem Zweiten Weltkrieg war Ochs als selbständiger Architekt weiter für BBC tätig und übernahm zahlreiche kleinere Planungsaufträge, zu dem das Bürogebäude in Ladenburg gehört. Der eingeschossige, langstreckte Klinkerbau mit Satteldach ist vor allem durch die in jenen Jahren für Ochs typischen Fenster gegliedert.

Brown, Boveri & Cie.
Bürogebäude »Augusta-Anlage« Mannheim
1949–1953

Die Augusta-Anlage in Mannheim ist eine der zentralen Straßenachsen in Mannheim, an der Ochs 1949–1953 ein langgestrecktes Bürogebäude für BBC errichtete. Die großen Fensterflächen bildeten ein zwölfachsiges Raster, das sich auch im durch eine vorgelagerte Terrasse zurückgesetzten Dachgeschoss fortführte. Der in die mittleren sechs Achsen eingeschobene Haupteingang im Erdgeschoss akzentuierte ein leichtes Dach mit schlichten Buchstaben des Firmennamens. Aufgrund sich verändernder Raumanforderungen wurde das Gebäude jedoch schon wenige Jahre später umgebaut, wobei auch die Fassade massiv verändert wurde.

Brown, Boveri & Cie.
Bürogebäude München
Undatiert

Vermutlich Anfang der 1950er Jahre entstand ein Bürogebäude für Brown Boveri & Cie. in München. Das traufständige Haus mit Satteldach zeigt eine streng geometrische Anordnung der Fenster. Dieses Raster wurde im Erdgeschoss zugunsten der seitlich angeordneten Durchfahrten zum Innenhof unterbrochen.

Brown, Boveri & Cie.
Heizkraftwerk Daimler-Benz der Stadtwerke Bonn
1966

Mit dem Umbau des Heizkraftwerks endete Ochs' Tätigkeit für BBC. Für den Konzern war er nach 1955 vor allem als beratender Architekt tätig, so auch für diesen Umbau der Stadtwerke Bonn.

Wohnbauten

Beamtenwohnhaus Hanau
1922

Die Gestaltung der Wohnsiedlung für höhere Angestellte der Firma Brown, Boveri & Cie. stand am Anfang der langjährigen Tätigkeit für diese Firma. Größere Wohnungen in mehrgeschossigen Gebäuden waren typische Vertreter von Wohnformen für sogenannte Werksbeamte in den neu entstehenden Werkssiedlungen der 1920er Jahre. Für eine dieser Werkssiedlungen von BBC in der St. Vitus-Gasse in Hanau entwarf Ochs den Bebauungsplan.

Wohnhaus , Frankfurt am Main
1925/26

Villenartiges, 2-geschossiges Wohnhaus mit ausgebautem Dachgeschoss. Charakteristische Details sind die schwunghaft geformten Dachaufbauten.

Haus Schnetzler, Heidelberg
1926

Das Wohnhaus des Generaldirektors der Firma Brown, Boveri & Cie. wurde 1926 realisiert. Gestaltbestimmend für das große Haus am Hang ist eine bewegte Dachlandschaft mit ausgeprägter Gesimsausbildung. Es wurde 1927 durch ein kleines Atelierhaus im Garten ergänzt.

»Wiesenhaus« Bad Wiessee
1927–1931

In landschaftlich exponierter Gegend entwarf Ochs für seine Schwester Eva ein Ferienhaus in freier Lage. Die Gestaltung des Hauses orientiert sich an den eindrucksvollen Blickbezügen über den Tegernsee zum Voralpenland. Das Interieur vermittelt Behaglichkeit, ohne bajuwarische Gestaltungsmerkmale zu imitieren.

Haus Krämer Hanau
1927/28

Das Haus Krämer gewinnt seinen Reiz durch den Zugang über eine kleine Bogenbrücke in einen parkähnlichen Gartenteil. Das zweigeschossige Gebäude mit flachem Satteldach zeigt sich in der für die 1920er Jahre typischen Gestaltung mit großen Fenstertüren und Fensterläden.

Wohnhäuser
an der Fuchshohl
Frankfurt am Main
1933

Die Wohngebäude in Einzel- oder gereihter Stellung, dreigeschossig mit Flachdach in sachlich-zurückhaltender Form, zeigen einen anderen Ochs als seine von Paul Schmitthenner inspirierten Villenbauten der 1920er Jahre.

Umbau
Wohnhaus Lauer-Schmalz
Offenbach
1933

Der Umbau und die teilweise Erweiterung einer bestehenden Stadtvilla konzentrierte sich hauptsächlich auf die Gestaltung der Fassaden und die teilweise Neuordnung der Funktionen im Gebäude.

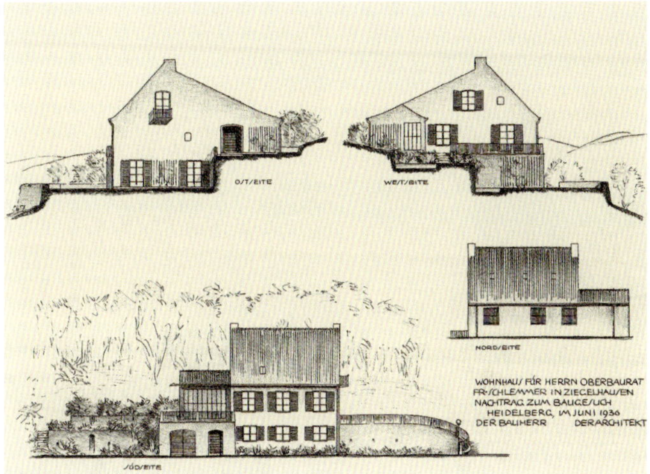

Wohnhaus
Prof. Karl Wagner
Brüx (heute Most, Tschechische Republik)
1934

Einfaches Einfamilienhaus in ländlicher Umgebung am Südhang des Erzgebirges.

Haus Schlemmer
Heidelberg-Ziegelhausen
1935/36

Eingebettet in eine landschaftlich reizvolle Hangsituation wird ein bestehendes älteres Gebäude zum Einfamilienhaus umgebaut. Die Geländeformation wird zum Bau einer schönen Terrassensituation genutzt.

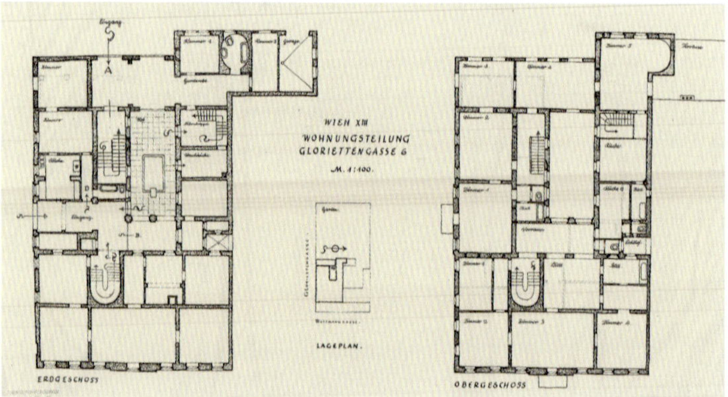

Umbau
Wohnhaus Gloriettenstrasse 6
Wien 1944

Nach Ochs' Plänen wurde 1944 eine repräsentative Wohnung in der Gloriettenstraße im 13. Bezirk von Wien in zwei kleinere Wohnungen unterteilt.

Brown, Boveri & Cie.,
Behelfswohnungen Mannheim
1945/46

Die in der Wohnungsnot der Nachkriegszeit entstandenen einfachen, aber doch anheimelnden Behelfswohnbauten für die Mitarbeiter der BBC wurden von Karl Wilhelm Ochs entwickelt.

Brown, Boveri & Cie.,
Wohnblock Mannheim-Käfertal
1949

Werkssiedlungen, typisch für die Zeit der Entstehung großer Industriezentren in den 1920er Jahren wurden infolge der Kriegszerstörungen nach 1945 vermehrt errichtet. 1949 baute Ochs für den Standort Mannheim-Käfertal diese mehrgeschossigen Zwei- und Dreispänner-Segmente als großen Wohnblock. Schon kurz zuvor begann er die neue Wohnbauinitiative von BBC mit seinem Entwurf für mehrere Vierfamilienhäuser am gleichen Standort (1947).

Kirchen-bauten

Evangelische Kirchen in Berlin

Aus den 1960er und 1970er Jahren sind eine Reihe von Skizzen und Umgestaltungsvorschlägen für verschiedene Berliner Kirchen überliefert, deren Entstehen sich aus der Funktion von Karl Wilhelm Ochs als Baurat des Evangelischen Konsistoriums erklärt. So gibt es Anregungen zur Gestaltung von Orgelprospekten (Konradshöhe), Umbauten (Evangelische Kirche der Union Berlin-Tiergarten und Matthäuskirche Berlin-Steglitz), und Altarbereichen (Wilmersdorf, Nikolskoe).

Bachgruft Thomaskirche Leipzig
1949/50

Bereits 1950 wurde der fachliche Rat von Ochs für die Nachkriegssanierungen an der Thomaskirche im Zusammenhang mit der Neugestaltung des Grabmals von Johann Sebastian Bach eingeholt. Freihand-Innenperspektiven zeigen darüber hinaus Ideen zur Ausgestaltung der Thomaskirche bezüglich der Beleuchtungen des Kirchenschiffs.

Evangelisches Gemeindezentrum Herford
1955–1959

In einer städtebaulich reizvollen Situation entwickelt Ochs das Gemeindezentrum Herford mit Kirche, Glockenturm, Gemeindehaus, Kindergarten und Pfarrhaus. Dominierend sind die geradezu klassisch anmutenden Klinkerfassaden in norddeutscher Einfachheit, der starken Wirkung von offenen und geschlossenen Flächen mit große Plastizität.

Evangelisches Diakonissen-Krankenhaus Bethanien Berlin-Kreuzberg 1955/66

Die nach dem 2. Weltkrieg in die Jahre gekommenen Diakonissen-Krankenhäuser in Deutschland, meist mit einer Bausubstanz aus dem 19. Jahrhundert, waren grundlegend zu sanieren. Ochs hat dies für das Krankenhaus Bethanien in den 1950er Jahren bewältigt. Hauptgebäude, Schwesternhaus, Seminargebäude, Feierabendheim und Wirtschaftsgebäude wurden umgebaut und zeitgemäß gestaltet.

Heilig-Geist-Kirche
Bad Oeynhausen
1960–1967

Ähnlich wie in Herford entwickelt Ochs ein Gemeindezentrum mit kräftig gegliederten Baukörpern. Anklänge an italienische Architektur mit freistehendem Glockenturm und stark profilierten Wandflächen werden sichtbar. Das ergänzende Bonhoeffer-Haus greift die Gliederung mit einfachen Dachformen auf.

Evangelisches Johannisstift
Berlin-Spandau
1961–1969

Für die ausgedehnten Anlagen des Johannisstiftes in Berlin-Spandau sind sehr viele zeichnerische Unterlagen zu den Umbauten erhalten, besonders für das Festsaalgebäude und die Kirche. Die Umbauvorschläge für die Stiftskirche haben vor allem die Neugestaltung des Orgelprospektes zur Grundlage. Der Festsaal wurde grundlegend überarbeitet.

Evangelisches Gemeindezentrum Bad Oeynhausen
1962–1971

Das Gemeindezentrum setzt sich aus zwei Baukörpern mit Satteldach zusammen. Durch ihre orthogonale Anordnung entstand zwischen dem giebelständigen, den großen Gemeindesaal aufnehmenden Hauptgebäude und dem seitlich anschließenden, eingeschossigen Bürotrakt eine städtebaulich reizvolle platzartige Aufweitung. Die äußerst funktionale Entwicklung der Grundrisse setzt sich in einer ebenso zweckdienlichen wie wohlproportionierten Fassadengestaltung fort.

Evangelische Heilig-Geist-Kiche Gütersloh
1963/64

Die Kirche in Gütersloh steht in der Ochsschen Tradition der Gemeindehäuser mit gesondert stehendem Glockenturm. Während der Innenraum, wie bei allen diesen Kirchenbauten, leicht anmutet, wirken Turm und Gebäude massiver als bei den zeitlichen Vorgängern in Bad Oeynhausen und Herford.

Evangelisches Gemeindehaus
Berlin-Britz
1966

Der schlichte Baukörper mit Satteldach und großformatigen Fensterflächen ergänzt die kleine mittelalterliche Kirche. In ihm befinden sich ein großer Gemeindesaal und Räume für die Gemeindearbeit. Der bei den Bauarbeiten im Erdreich zufällig entdeckte Brunnen wurde freigelegt und in das Gebäude integriert.

Evangelische Auenkirche
Berlin-Wilmersdorf
1967–1970

Der Umbau des Kirchenraumes der Auenkirche diente nicht nur der notwendigen Sanierung und Renovierung, sondern durch die Veränderungen im Altarraum einer engeren Verbindung zwischen Kirche und Gemeindemitgliedern. Notwendige Reparaturen an den Bleiglasfenstern wurden zur Vergrößerung der Fensterflächen genutzt und die Kirche heller und freundlicher gestaltet. Durch die Vergrößerung des Altarbereichs wurde die Gestaltung einer Taufkapelle möglich.

Hochschul-
bauten

TH Dresden Wiederaufbau
Lohrmann-Observatorium
1948

Mit der Zerstörung des Daches des Bauingenieurgebäudes (Beyer-Bau) im 2. Weltkrieg brannte auch die Sternwarte aus. Deren Wiederaufbau im Zuge der Dachrekonstruktion durch Ochs betonte die Sichtbarmachung der Dülferschen Stahlskelettkonstruktion durch eine Ausfachung mit Glasbausteinen. Das Aquarell seines Schülers Herrmann Heckmann dokumentiert das Ergebnis.

TH Dresden Rektoratsgebäude und Erweiterung der Mensa
1950–1953

Mit dem Anwachsen der Studentenzahlen in den 1950er Jahren an der TH Dresden wurde sowohl der Neubau eines Rektoratsgebäudes wie auch die Erweiterung der Mensa Mommsenstraße notwendig. Beide Komplexe wurden in einem städtebaulichen Zusammenhang entwickelt und nach dem Wegzug von Ochs durch Heinrich Rettig weiter betreut und vollendet.

TH Dresden Institut für Schwachstromtechnik
1951–1954

Infolge der enormen Kriegszerstörungen im Gelände der TH Dresden war auch das Institut für Elektrotechnik (heute Görgesbau) nicht mehr funktionsfähig. Parallel mit seinem Wiederaufbau wurde auf der gegenüber liegenden Straßenseite durch Ochs das neue Institut für Schwachstromtechnik errichtet. Ochs zeichnete für den 1. und 2. Bauabschnitt verantwortlich, weitere Bauabschnitte wurden durch Heinrich Rettig entworfen. Das sehr schöne Treppenhaus und die spezielle Fenstergestaltung wurden zum Markenzeichen der Bauten von Ochs und kehrten auch in weiteren Vorentwürfen (in Planungsgemeinschaft mit Walter Henn) für Hochschulbauten, wie die Institute für Mathematik und Physik wieder.

TH Dresden
Institut für Baugrundforschung
1953/54

Das zweigeschossige Gebäude mit Flachdach für das Institut für Baugrundforschung liegt neben dem Beyer-Bau, dem damaligen Gebäude der Bauingenieurausbildung, und sollte eigentlich mittels einer Brücke mit diesem verbunden werden. Ein im ersten Obergeschoß eingeordneter Sitzungssaal wurde in den ersten Jahren auch durch den Senat und die Fakultät Bauwesen genutzt. Auch im Neufferbau wurden die für Ochs typischen Fensterformate verwendet.

TU Berlin
Institut für Hochspannung und Elektrische Maschinen 1957–1976

Die Erfahrungen mit dem Bau des Schwachstrominstitutes der TH Dresden führten in der Berliner Zeit zum Auftrag für das Institut für Hochspannung der TU Berlin, einer komplexen städtebaulichen Planungsaufgabe. Erkennbar ist die gestalterische Wandlung hin zur modernen Architektur der 1960er Jahre.

Konzert- und Theaterbauten

Wiederaufbau
Opernhaus Chemnitz
1949–1951

Der Wiederaufbau des kriegszerstörten Theaters in Chemnitz als Opernhaus erfolgte nach den Plänen von Ochs (unter Mitarbeit von Walter Henn und Kurt Hemmerling) und wurde von Theaterfachleuten jener Zeit als das schönste Theater der DDR bezeichnet.
Der Innenraum wurde nach den Anforderungen an bestes Hören und Sehen umgestaltet, die öffentlichen Bereiche vom vorherigen Prunk befreit und mit klassisch einfacher, aber eleganter Sprache gestaltet.

»Rosengarten« Mannheim, Wiederaufbau des Musensaales und des Restaurants
1950–1952

Der Gebäudekomplex Rosengarten in Mannheim zählt zu den bedeutenden Jugendstilgebäuden in Deutschland. Der Ersatz der zerstörten Substanz durch einen neuen Saalbau war Gegenstand der Entwurfsarbeit. Dabei wurden Fest- und Konzertsaal, Versammlungs- und Sitzungsräume, mehrere Restaurants und Bars sowie eine Wandelhalle unter einem Dach vereint. Karl Wilhelm Ochs formte den Musensaal als Konzertsaal für 1420 Besucher mit umlaufender Empore sowie einer großen Konzertorgel.

Öffentliche Bauten

Umbau Kaufhaus Cohn
Frankfurt am Main
1928/29

Das Frankfurter Geschäftshaus der Firma Cohn wurde aus einem Spezialhaus für Damenkonfektion und Pelzwerk von Ochs sehr transparent umgebaut. Besonders bei Nachtaufnahmen erscheint die Fassade von besonderer Qualität.

Nicht realisierte Projekte

Industriebauten

- Schalthaus, O. O., 1923
- Umspannwerk Rheinau, 1925
- Wohn- und Schalthaus Ludwigshafen, 1926/34
- Umspannwerk Karlsruhe, 1926
- Brown, Boveri & Cie., Kraftwerk am Irtisch (Russland), 1927
- Brown, Boveri & Cie., Kraftwerk Stadtwerke Frankfurt, 1930
- Brown, Boveri & Cie., Wasserkraftwerk in den Pyrenäen für UTP Toulouse, 1931
- Brown, Boveri & Cie., Papierfabrik in der Türkei, 1932
- Brown, Boveri & Cie., Kraftwerk in Pirmasens, 1933
- Brown, Boveri & Cie., Zechenkraftwerk in China, 1933
- Brown, Boveri & Cie., Fabrikzentrale 1934
- Brown, Boveri & Cie., Umspannwerk der EW Schlesien AG Breslau in Glasendorf, 1934
- Brown, Boveri & Cie., Schalthaus und Schaltwarte für Riebecksche Montanwerke Halle, 1934
- Brown, Boveri & Cie., Hochdruckkesselanlage der Farbenindustrie Oppau, 1934
- Brown, Boveri & Cie., Gaskompressorenanlage für IG Farben Ludwigshafen, 1934
- Brown, Boveri & Cie., Eisenwerk Neuenkirchen, 1934
- Bahnstrom Unterwerk Pforzheim, 1934
- Brown, Boveri & Cie., Baumwollspinnerei Schradin Reutlingen, 1934
- Brown, Boveri & Cie., Kraftwerk in Velox, 1935
- Brown, Boveri & Cie., Kraftwerk in Brandenburg/Havel, 1935
- Brown, Boveri & Cie., Kraftwerk Idyerhütte, 1936

- Brown, Boveri & Cie., Kraftwerk Buna-Werke Hüls, 1938
- Brown, Boveri & Cie., Kraftwerk Düsseldorf-Oberkassel, 1938/39
- Brown, Boveri & Cie., Kraftwerk Jugoslawien, 1939/40
- Brown, Boveri & Cie., Ausbau des Werkes Mannheim-Käfertal, 1939–1941
- Brown, Boveri & Cie., Fabrikanlage Nördlingen, 1941
- Brown, Boveri & Cie., Kraftwerk Frankfurt/Main, 1942
- Brown, Boveri & Cie., Kraftwerk Kostulac, 1942
- Raapbodetalsperre Ostharz, Wettbewerb, 1948
- Kraftwerk Breza 1949
- Brown, Boveri & Cie., Fabrikentwurf Berlin-Britz, 1959–1961

Wohnbauten

- Gartenhaus Miltenberg am Main, 1924
- Erweiterung »Wiesenhaus« Bad Wiessee, 1933
- Wohnhaus Dr. Ferdinand Springer Berlin-Spandau, 1931
- Wohnhäuser Evangelisches Hilfswerk Heidelberg-Pfaffengrund, 1946
- Brown, Boveri & Cie., Werkssiedlung Mannheim-Käfertal 1946

Kirchenbauten

- Kirche Frankfurt, Wettbewerbsentwurf, 1925
- St. Wolfgang Schneeberg/Erzgebirge, Wettbewerbsentwurf, 1952
- Katholische Kirche Glashütte/Erzgebirge, Wettbewerbsentwurf, 1952
- Evangelische Stadtkirche Karlsruhe, Wettbewerbsentwurf, 1954
- Wiederaufbau Berliner Dom, 1957
- Gemeindezentrum Berlin-Tegel, Vorentwurf, 1960
- Evangelische Stadtkirche Pforzheim, Wettbewerbsentwurf, 1961
- Evangelische Kirche Hiddensen, Wettbewerbsentwurf, 1961
- Evangelisch-Lutherische Kirchgemeinde Diekholzen, Entwurf, 1962
- Erweiterung Evangelisches Gemeindehaus Berlin-Gatow, 1971/72

Hochschulbauten

- TU Berlin Bergbauinstitut, 1954

Konzert- und Theaterbauten

- Konzerthaus »Palmengarten« Frankfurt/Main, 1929
- Nationaltheater Mannheim, Wettbewerbsentwurf, 1949
- Opernhaus Hannover, Wettbewerbsentwurf, 1949
- Neubau Kongresszentrum Heidelberg, 1950
- Staatstheater Kassel, Wettbewerbsentwurf, 1952
- Staatsoper Hamburg, 1952
- Deutsche Oper Berlin, Wettbewerbsentwurf, 1953
- Stadttheater Gelsenkirchen, Wettbewerbsentwurf, 1954
- Stadthalle Heidelberg, Neubau einer Kongresshalle, 1955
- Philharmonie Berlin, Wettbewerbsentwurf 1956

- Stadthalle und Staatstheater Siegen, Wettbewerbsentwurf, 1955/56
- »Rosengarten« Mannheim, Wettbewerbsentwurf, Kongresszentrum, 1961

Öffentliche Bauten

- Gesellschaftshaus für einen Ruderclub Frankfurt am Main, 1924
- Postgebäude Frankfurt am Main, Wettbewerbentwurf, 1925
- Café am Franzosenwall Bad Wiessee, 1930
- Restaurant »Heyland« Römerberg Frankfurt am Main, 1932
- Ladenprojekt Bad Wiessee 1933
- Fluglinienhotel Frankfurt am Main, Wettbewerbentwurf, 1947/48
- BBC Bürohaus Mannheim-Käfertal 1954
- BBC Verwaltungsgebäude Hamburg, 1956

Städtebau

- Wohnsiedlung Heidelberg, Bebauungsvorschlag, 1936
- Städtebaulicher Entwurf Fürstenberg, Wettbewerbsentwurf, 1951

ANHANG

1896	am 29. Februar in Frankfurt am Main geboren
1906–1914	Vorschule und Humanistisches Gymnasium Frankfurt am Main
1915	baupraktische Tätigkeit bei Schaffner & Albert AG in Frankfurt am Main
1916–1918	Militärdienst
1918/19	Studium an der Kunstgewerbeschule Frankfurt am Main
1919–1922	Architekturstudium an der Technischen Hochschule Stuttgart
1922–1934	freiberufliche Tätigkeit und beratender Architekt der Firma Brown, Boveri & Cie. in Mannheim
1927–1933	Mitglied des BDA in Frankfurt am Main
1934	Berufsverbot, anschließend Übersiedlung nach Heidelberg
1934–1947	Hausarchitekt der Firma Brown, Boveri & Cie. in Mannheim
1946–1957	erneut Mitglied des Bundes Deutscher Architekten
1947	Berufung zum Professor für Werklehre an die Technische Hochschule Dresden
1948	Berufung zum Professor für Gebäudelehre und Entwerfen an die Technische Hochschule Dresden
1953–1963	Professor für Werklehre und Entwerfen an der Technischen Hochschule Berlin-Charlottenburg
1953–1975	freiberuflicher Architekt in Berlin
1955	Berufung zum Baudirektor des Evangelischen Konsistoriums Berlin
1957–1963	Direktor des Instituts für Gebäudelehre der Fakultät Architektur der Technischen Universität Berlin
1959–1961	Prodekan der Fakultät Architektur der Technischen Universität Berlin
1963	Emeritierung
1988	am 30. Juni in Berlin verstorben

Dr. Andreas Butter
Kunsthistoriker. 1963 in Dessau geboren, nach Museumsarbeit im Schloss Mosigkau und dem Abschluss an der HU Berlin 1992 Tätigkeit als freier Gutachter für verschiedene Landesdenkmalämter; Publikationen und Ausstellungen zu Themen der Architektur-, Stadt- und Verkehrsgeschichte, 2004 mit Ulrich Hartung »Ostmoderne« für den Deutschen Werkbund Berlin e. V., 2006 Veröffentlichung der Dissertation »Neues Leben, neues Bauen« über Architektur in den ersten Nachkriegsjahren in der SBZ/DDR, seit 2007 Dozent am IES Berlin und ab 2009 freie Kuratoren- und Beratertätigkeit für die Stiftung Bauhaus Dessau, seit 2010 wissenschaftlicher Mitarbeiter am IRS Erkner.

Dr.-Ing. Susann Buttolo
Architekturhistorikerin. 1978 in Karl-Marx-Stadt (jetzt Chemnitz) geboren, nach dem Architekturstudium 2002 Wissenschaftliche Mitarbeiterin im Sächsischen Archiv für Architektur und Ingenieurbau an der HTW Dresden, 2003–2010 freie Architekturhistorikerin, 2010 Promotion zur Dresdner Architekturmoderne zwischen 1958 und 1971, 2010–2014 Wissenschaftliche Mitarbeiterin am Lehrstuhl Industriebau der TU Dresden, 2015/16 Wissenschaftliche Mitarbeiterin der Stiftung Sächsischer Architekten und seit 2016 Kustodin ebenda.

Dipl.-Ing. Alf Furkert
Architekt. 1965 in Dresden geboren, 1990/91 angestellter Entwurfsarchitekt, seit 1992 selbständige Tätigkeit, 2000 Gründung des Architekturbüros FURKERT Architekten und Ingenieure, seit 2005 Partner im Büro hänel furkert | architekten, Mitglied der Architektenkammer Sachsen, 2005–2009 Vizepräsident der Architektenkammer Sachsen, seit 2006 Mitglied des Bundes Deutscher Architekten, 2007 Berufung in den Gutachterausschuss der Landeshauptstadt Dresden, seit 2009 Präsident der Architektenkammer Sachsen, Vorstandsmitglied der Bundearchitektenkammer und Mitglied des Stiftungsrates Stiftung Haus Schminke Löbau, seit 2011 Vorstandsvorsitzender der Stiftung Sächsischer Architekten, seit 2015 Kultursenator des Freistaates Sachsen.

Dipl.-Ing. Alfred August Gottfried
Architekt. 1924 in Würnitz bei Korneuburg (Österreich) geboren. 1938–1940 Ausbildung als Schlosser in Neudek, 1941–1945 Kriegsdienst und Kriegsgefangenschaft, 1946 Vorstudienanstalt Zwickau (Hochschulreife), 1946–1950 Studium der Architektur TH Dresden unter anderem bei Karl Wilhelm Ochs, 1951 Mitarbeiter bei VEB Entwurf und Bauleitung Potsdam, 1951–1958 Architekt im Entwurfsbüro für Hochbau Dresden II, 1958 Ausreise aus der DDR, 1958–1963 Assistent bei Karl Wilhelm Ochs an der TH Berlin, 1963–1986 Mitarbeiter beim Hochbau- und Maschinenamt Darmstadt, später dort Leiter der Entwurfsabteilung und stellvertretender Amtsleiter.

Prof. Dr. phil. Hermann Heckmann
Architekt. 1925 in Kreuzburg/Oberschlesien geboren, 1943–1945 Arbeits- und Wehrdienst, Kriegsgefangenschaft. 1946–1950 Architekturstudium an der TH Dresden, u.a. bei Karl Wilhelm Ochs und Walter Henn, 1951–1953 wissenschaftlicher Mitarbeiter am Lehrstuhl für Gebäudelehre und Entwerfen (KWO), 1953–1956 angestellter Architekt im Entwurfsbüro für Hochbau Dresden II, 1957–1962 angestellter Architekt im Bezirksamt Hamburg-Wandsbek, 1962–1980 Dozent an der Ingenieurschule für Bauwesen Hamburg, 1975 Promotion an der Universität Bochum, 1972–1979 Vorstandmitglied der Architektenkammer Hamburg, 1980–1990 Architekturprofessor an der Fachhochschule Hamburg, 1991–2008 Präsident der Stiftung Mitteldeutscher Kulturrat Bonn. Autor verschiedener Fachbücher über Baumeister des Barocks und Rokoko, u.a. über Matthäus Daniel Pöppelmann. Zahlreiche Einzelausstellungen seines künstlerischen Werks. 2016 in Hamburg verstorben.

Dipl.-Ing. Hannelore König
Architektin. 1936 in Plauen/Vogtland geboren. 1954/55 Baupraktikum Firma Zimmermann Plauen/Vogtland, 1955–1961 Architekturstudium in Dresden bei Leopold Wiel, Heinrich Rettig und Fritz Schaarschmidt, 1961–1969 Wissenschaftliche Mitarbeiterin am Lehrstuhl für Werklehre und Entwerfen, 1969–1991 Wissenschaftliche Mitarbeiterin im TU-Projektierungsbüro für Hoch- und Fachschulbau, 1991–2001 Mitarbeiterin/Prüfbeauftragte Staatshochbauamt Dresden II, seit 2002 ehrenamtliche Denkmalpflegerin.

Dipl.-Ing. Peter Korth
Architekt. 1934 in Minden geboren. 1956–1964 Architekturstudium in Hannover, Wien und Berlin, u.a. bei Walter Wickop, Karl Wilhelm Ochs, Hans Scharoun und Oswald Matthias Ungers, 1969 Übernahme des väterlichen, seit 1921 bestehenden Architekturbüros in Minden. Bauten und Entwürfe im wohn-, geschäfts- und kirchlichen Bereich, Innenarchitektur, Umgestaltungen und Neueinrichtungen von Läden, Denkmalpflege, bühnenbildnerische Tätigkeit für Minden, Berlin, Potsdam (Musikfestspiele Neues Palais), Duisburg (Deutsche Oper am Rhein) und Hamburg (Altonaer Theater). 2007 Berufung in den Deutschen Werkbund, Vorsitzender des Kunstvereins Minden e.V.

Dipl.-Ing. Helga Ochs
Architektin. 1927 in Dresden geboren, 1947/48 Studium der Mathematik und Geografie an der TH Dresden, 1948–1954 Architekturstudium an der TH Dresden und der TH Berlin-Charlottenburg, u.a. bei Hans Scharoun. Ab 1955 Architektin im Architekturbüro von Karl Wilhelm Ochs in Berlin-Wannsee.

Prof. Dr.-Ing. Gisela Raap

Architektin. 1937 geboren, 1955–1963 Architekturstudium an der TH Dresden, u. a. bei Rolf Göpfert, Heinrich Rettig und Leopold Wiel, 1964–1969 angestellte Architektin im VEB Dresdenprojekt und 1969–1973 im Ingenieurbüro des Bezirksbauamtes des Bezirkes Dresden, 1973–1992 Wissenschaftliche Oberassistentin und Dozentin am Lehrstuhl für Wohnbauten an der TU Dresden, 1977 Promotion zum Thema »Planungsrichtlinien für den Bau von Rehabilitationseinrichtungen für schwerstkörperbehinderte Kinder und Jugendliche«, 1974–1990 Mitglied des Bezirks- und Bundesvorstandes des BdA, 1992–2002 Professorin für Gebäudelehre und Entwerfen an der HTW Dresden, 1994–2015 Ehrenamtliche Tätigkeit im Weiterbildungsausschuss der Architektenkammer Sachsen, 2002 Gründung des Sächsischen Archivs für Architektur und Ingenieurbau (seit 2015 in den Beständen des Archivs der Stiftung Sächsischer Architekten) und der Schriftenreihe »Zeitzeugnisse«, 2016 Berufung in den Fachbeirat des Archivs der Stiftung Sächsischer Architekten und seitdem ehrenamtliche Tätigkeit ebenda. Zahlreiche Forschungsarbeiten, u. a. zum barrierefreien Bauen oder zum Wohnungsbau.

Dipl.-Ing. Tanja Scheffler

Architektin und Bauhistorikerin. 1970 geboren, Architekturstudium, 1993 Diplom (FH) an der Fachhochschule Hildesheim, anschließend berufspraktische Tätigkeit als Hochbauingenieurin und ab 1996 dann Architektin in Dublin, Hannover und Dresden, 1999 Diplom (TU) an der Technischen Universität Dresden, parallel dazu 1997–2004 Dozentin für die Ausbildung von Mitarbeitern für die Denkmalerfassung in Berlin, 2004–2007 Forschung und Lehre am Lehrstuhl für Baugeschichte der TU Dresden, seit 2008 freiberufliche Tätigkeit als Bauhistorikerin, Fachautorin und Architekturjournalistin, Lehraufträge an verschiedenen Hochschulen. Zahlreiche Artikel zur Planungs- und Baugeschichte des 20. Jahrhunderts in Fachzeitschriften, Sammelbänden und Ausstellungskatalogen.

Prof. Dr.-Ing. habil. DEng/Auckland Hans Müller-Steinhagen

Rektor der TU Dresden. 1954 geboren, 1975–1980 Maschinenbaustudium an der Universität Karlsruhe, 1984 Promotion in Verfahrenstechnik ebenda, 1999 Habilitation an der Universität Erlangen-Nürnberg, nach insgesamt 17 Jahren Tätigkeit an ausländischen Universitäten 2000–2010 Direktor des Instituts für Thermodynamik und Wärmetechnik an der Universität Stuttgart und des Instituts für Technische Thermodynamik am Deutschen Zentrum für Luft- und Raumfahrt (DLR), seit 2010 Rektor der TU Dresden (seit 2012 eine der elf deutschen Exzellenzuniversitäten), Ehrendoktor der Technischen Universität Brno (Tschechische Republik) und der Dankook-Universität (Südkorea).

Prof. Dr.-Ing. habil. Manfred Zumpe

Architekt. 1930 in Dresden geboren, 1956–1959 Wissenschaftlicher Assistent an Lehrstühlen für Entwerfen von Hochbauten und Gebäudelehre der TU Dresden, 1959–1962 Projektleiter der Entwurfsgruppe Hotel Altmarkt am Lehrstuhl Prof. Göpfert, 1963–1971 Wissenschaftlicher Mitarbeiter und Projektleiter in der Deutschen Bauakademie Berlin, im VEB Berlin-Projekt und im VE Wohnungsbaukombinat Berlin, 1972–1990 Direktor im ehemaligen väterlichen, später volkseigenen Bauunternehmen, 1991 Berufung zum Honorarprofessor an die Fakultät Architektur der TU Dresden, Gründung des Architekturbüros Zumpe & Partner, seit 1996 Zumpe Düsterhöft Richter Architekten, seit 1991 Mitglied des Bundes Deutscher Architekten, seit 2004 Ehrenvorsitzender des BDA Sachsen, seit 2010 Ehrenmitglied der Architektenkammer Sachsen.

Abkürzungsverzeichnis

ABB	Asea Brown Boveri
AEG	Allgemeine Elektrizitätsgesellschaft
AG	Aktiengesellschaft
AFKS	Abteilung für die Konstruktion von Schaltanlagen
ASEA	Allmänna Svenska Elektriska Aktiebolaget
AStSA	Archiv der Stiftung Sächsischer Architekten
BA	Bauabschnitt
BArch	Bundesarchiv
BBC	Brown, Boveri & Cie.
BDA	Bund Deutscher Architekten
BdA	Bund der Architekten (der DDR)
BRD	Bundesrepublik Deutschland
DAF	Deutsche Arbeitsfront
DDR	Deutsche Demokratische Republik
DEMAG	Deutsche Maschinenbau-Aktiengesellschaft
DLR	Deutsches Zentrum für Luft- und Raumfahrt
FH	Fachhochschule
GLA	Generallandesarchiv
GHH	Gutehoffnungshütte
HTW	Hochschule für Technik und Wirtschaft
HU	Humboldt-Universität
IRS	Leibniz-Institut für raumbezogene Sozialforschung
ISA	Institut für Städtebau und Architektur
KWO	Karl Wilhelm Ochs
KZ	Konzentrationslager
IG	Interessen-Gemeinschaft
NL	Nachlass
NS	Nationalsozialismus
NSD	Nationalsozialistischer Dozentenbund
NSDAP	Nationalsozialistische Deutsche Arbeiterpartei
RKK	Reichskulturkammer
SAAI	Südwestdeutsches Archiv für Architektur und Ingenieurbau
SBZ	Sowjetische Besatzungszone
TH	Technische Hochschule
TU	Technische Universität
UaD	Universitätsarchiv TU Dresden
UdSSR	Union der Sowjetischen Sowjetrepubliken
UIA	Union Internationale des Architectes (Internationale Vereinigung der Architekten)
UNESCO	United Nations Educational, Scientific and Cultural Organization (Organisation der Vereinten Nationen für Bildung, Wissenschaft und Kultur)
VE	Volkseigen
VEB	Volkseigener Betrieb
VVB	Vereinigung Volkseigener Betriebe
WGA	Werk Großauheim

Abbildungsnachweis

Architekturmuseum
der TU Berlin
S. 21 o., 30, 34, 35, 36, 37,
43 u. r., 45 o., 46, 52, 57, 59, 60,
61, 62, 63, 66, 67, 104, 106, 112,
103, 116 r. o., 116 r. u., 119, 120,
123, 130, 131, 133 r., 134 l., 137,
138, 140, 141, 142 l., 143 o., 148,
152, 154

Archiv der Stiftung
Sächsischer Architekten
S. 2, 10, 13, 14, 15, 18, 19, 21 u.,
24, 25, 26, 27, 28, 33, 38, 39,
43 o., 43 u. l., 45 u., 47, 48, 49,
64, 65, 78, 86, 90, 91, 92, 93,
94, 95, 98, 100, 102, 103, 117,
118, 122, 125, 127, 132, 133 l.,
134 r., 136, 139, 142 r., 143 u.,
145, 146, 147, 150, 151 r., 153

Baukunst und Werkform.
Monatsschrift für alle Gebiete
der Gestaltung
S. 42

Brown, Boveri & Cie.
S. 44

Bundesarchiv Berlin
S. 12, 109

Hannelore König
S. 76, 80, 81

Helga Ochs
S. 23, 108, 110, 111, 124, 144

Technische Universität Dresden,
Dezernat Liegenschaften,
Technik und Sicherheit
S. 77, 79, 82, 83

Universitätsarchiv
der TU Dresden
S. 70, 72, 73, 74, 75, 84,
149, 151 l.

Universitätsarchiv
der TU Stuttgart
S. 116 l. o., 116 l. u.

Trotz sorgfältiger Recherchen
ist nicht auszuschließen,
dass einige Rechteinhaber nicht
eindeutig ermittelt wurden.
Berechtigte Ansprüche werden
selbstverständlich im Rahmen
der üblichen Vereinbarungen
abgegolten.

Impressum

Herausgeber
Stiftung Sächsischer Architekten
Haus der Architekten
Goetheallee 37, 01309 Dresden
Tel. +49 (0) 351 317 46-0
Fax +49 (0) 351 317 46-44
www.stiftung-saechsischer-architekten.de
info@stiftung-saechsischer-architekten.de

Redaktion
Susann Buttolo
Gisela Raap

Lektorat
Heide E. George

Gestaltung
Annett Stoy, Norbert du Vinage,
Sandstein Verlag Dresden

Satz und Reprografie
Katharina Stark, Jana Neumann
Sandstein Verlag Dresden

Druck und Verarbeitung
FINIDR GmbH, Český Těšín

ISBN 978-3-95498-374-2

Abbildung auf dem Titel
Christuskirche Herford

Abbildung Innentitel
Karl Wilhelm Ochs, 1950